AF381725

Olivier Leconte de l'Académie Internationale de Recherche est aussi Délégué général de l'Alliance Royale. Observateur circonspect, exégète et philosophe du quotidien, il s'est investi dans l'accompagnement social, sportif et de loisirs de deux cités périphériques, dans l'enfance maltraitée et auprès des personnes en perte d'autonomie.

Monseigneur Charles-Emmanuel de Bourbon-Parme, fils de France, chef d'entreprise et cadre commercial est engagé dans la sauvegarde du patrimoine culturel, matériel et immatériel, Français. Il est attentif à l'évolution de notre pays qu'il accompagne avec ses ancêtres depuis plus de 1 500 ans.

En couverture : le Prince Charles-Emmanuel de Bourbon-Parme.
Photo : Princesse Charlotte de Bourbon-Parme.

Charles-Emmanuel de Bourbon-Parme
Olivier Leconte

MANIFESTE

pour

LA FRANCE

Le pacte...

SOMMAIRE

« MANIFESTE POUR LA FRANCE »

Un pacte pour la France du XXIème siècle

AVANT PROPOS

La France éternelle est une terre de valeurs admirables et généreuses. Ces valeurs prennent leurs racines dans le bon sens et la prudence de nos rois. Ce patrimoine collectif nous apporte l'unité et la sécurité. Depuis Saint Louis, la société s'est transcendée en ajoutant la justice et la protection des plus faibles comme valeurs les plus sacrées de l'action individuelle et publique. Le bien commun guide les gouvernants, les choix individuels et familiaux. La dignité humaine et la vie constituent l'âme de la grandeur rayonnante de l'héritage chrétien et capétien. Notre patrimoine, philosophique, humain, naturel, religieux et culturel, force le respect. Il entraîne l'admiration des nations et contribue à la progression de l'humanité. Nos ancêtres ont donné aux générations futures un héritage enrichi et varié par un patrimoine, spirituel, économique et intellectuel exceptionnel. Chacun est roi chez soi et transmet à sa descendance, les valeurs philosophiques et culturelles, les biens matériels, familiaux et sociétaux.

Cette société qui apparaît comme idéale, en réalité fragile, est en progression perpétuelle ; elle subit des imperfections, des incertitudes et parfois des agressions dues à la nature humaine. En étant administrée et gérée par l'homme, elle n'est pas à l'abri des turpitudes, des ambitions et des velléités d'appropriation de quelques-uns... Nous en fîmes et en faisons encore aujourd'hui l'amère expérience : 1789, 1793, les XIXème et XXème siècles apportèrent dans des proportions monstrueuses la mort, la tristesse et la désolation. La division s'est alors affichée et assumée comme première caractéristique du pays. Les régimes qui se sont succédé après la mort de Louis XVI, même dans leur diversité, ont abouti à un système partisan. L'accession au pouvoir est ainsi assujettie à la confrontation individuelle et collective, la discorde doctrinaire, le déchirement idéologique et l'opposition sectaire systématique. L'exacerbation des ambitions personnelles et l'enrichissement économique ou individuel sont devenus les moteurs et même aujourd'hui la finalité du régime républicain.

Le bilan des caractéristiques politiques de la France contemporaine se solde par un échec qui semble insurmontable à sa population. Le pays qui a rayonné dans le monde se distingue maintenant par sa détestation de lui-même, l'incapacité ou le refus d'assimilation de ses ressortissants d'origine étrangère, le déclassement des citoyens, le dédain de la classe politique pour le peuple, le refus de prendre en compte les demandes légitimes des habitants et surtout ce sentiment nauséeux d'un mépris inéluctable de son histoire et de son identité. Ce mal-être est cultivé par les responsables des instances officielles. Les Français sont manipulés sournoisement par des gouvernants pervers et les minorités activistes partisanes, sectaires et arrogantes. Ce dégoût mélancolique est entretenu par les dirigeants qui s'en servent pour annihiler toute velléité de révolte. En distillant une propagande qui définit les « références » du régime politique actuel comme étant la seule ligne de conduite, elle met un carcan infranchissable à l'envie profonde de redresser la tête, de se relever dans l'honneur, de retrouver une fidélité bien légitime à ce pays.

L'endoctrinement racoleur officiel est incompatible avec les valeurs de la France éternelle. L'idéologie toxique s'est érigée en censeur y compris pénal de toute action, de toute pensée, de toute velléité de déroger aux lois de la dictature du régime actuel.

Cette réflexion présente deux finalités : dans un premier temps, nous unir pour créer une France moderne du XXIème siècle s'enracinant dans le caractère unique, immuable et impérissable de notre pays ; puis dans un second temps, en se mettant au service de nos concitoyens pour fédérer toutes les forces de notre pays afin de nous projeter ensemble vers l'avenir. L'objectif premier est le bien-être des Français. Le deuxième, de se mobiliser pour les valeurs d'entraide fraternelle dans notre pays et à l'étranger. Le troisième, de contribuer activement à la sauvegarde du monde et de l'humanité. Cette ambition concrète et réalisable n'a qu'un seul mot d'ordre : « unis pour l'amour de la France et de l'humanité ».

Les principes qui guident cette réflexion et la ligne de conduite de ce propos ne sont ni sectaires ni partisans. Certains de nos compatriotes n'adhéreront pas à ce qui va suivre, plus par leur inféodation intellectuelle (et souvent involontaire) à des convictions qu'à la sage raison.

Le principe démocratique ne peut être remis en cause. Il est indispensable pour son bon déroulement qu'il soit encadré afin d'assurer sa légitimité. Le processus commun, universel et égalitaire s'inscrit dans la confiance, le dialogue et la sérénité. Contrairement au système partisan qui nous divise et nous enfonce face à l'adversité alors qu'il devrait nous relever, un État impartial et équilibré encadre la vie avec bienveillance, unité et justice, dans une société apaisée, altruiste et juste.

Si la transcendance est le propre de l'homme, en revanche, la laïcité règle les fondamentaux de la société. Le matérialisme induit ne devrait pourtant pas réduire nos compatriotes à un rôle économique, politique et social même agrémenté de philosophie et de culture.

L'incertitude dans le cœur de nos semblables forge leur foi, la modèle et les pousse à approcher l'excellence et la perfection. La vérité est une quête ; la flamme de l'abnégation pour nos frères humains, dans le cœur de chacun, est le guide pour s'en approcher. La vie d'une nation est comme celle d'un homme. C'est un pèlerinage, long et parfois difficile, avec une route à découvrir qui va vers la sainteté et la félicité lorsque l'amour guide ses pas, ou se dirige vers le chaos quand la division, la haine, l'individualisme, le détriment des autres sont les lignes de conduite.

Le respect de la dignité humaine, le respect de la vie, l'altruisme, la compassion, la dévotion et la miséricorde sont les vrais moteurs d'une société digne et responsable, tournée vers son peuple et vers l'humanité. C'est le devoir le plus sacré de la société contrairement à l'assistanat d'État, impersonnel, dégradant et condescendant, qui n'est qu'une manière d'acheter la paix sociale.

Un vrai chef d'État inspire, incite et mène par l'action et le bon sens, une solidarité authentique afin de protéger les plus faibles. C'est pour cela que toute action publique s'envisage, se projette et se réalise pour le bien commun, dans le respect des autres, pour eux, avec une dimension sociale raisonnée et indispensable à l'équilibre de tous et de chacun.

Cet ouvrage va s'appuyer sur nos racines judéo-chrétiennes et gréco-latines. La dimension philosophique de la vie, de la société et de l'environnement amènera une réflexion tournée vers un projet d'avenir en commun pour établir une France nouvelle adaptée aux défis du siècle. Retrouvons ensemble la liberté, ce patrimoine commun qui nous a été volé. Réinventons ensemble cette fraternité qui nous donnera une solidarité de l'amour, gratuite et altruiste. Récupérons ensemble ce chemin dont nous nous sommes éloignés, d'un équilibre raisonnable entre les pouvoirs.

Les chapitres qui suivent sont interactifs les uns avec les autres. Par leurs interconnexions, ils apportent des solutions aux problèmes actuels. Les réponses concrètes données par les derniers chapitres sont interdépendants avec les précédents qui prennent racine dans la philosophie générale de cet ouvrage.

LES RACINES

UNE HISTOIRE DE FAMILLE

Le pape François a déclaré l'année 2021 comme année particulière dédiée à Joseph le travailleur (Pie XII), saint-patron des ouvriers et de l'Église universelle.

Jeudi 9 novembre 2017. La pluie était prévue mais c'est le soleil qui fait son apparition lorsqu'une force incoercible pousse trois pénitents à s'engager sur le chemin qui mène au sanctuaire de Saint-Joseph à Cotignac. La petite marche à travers les collines appelle la méditation et l'échange. Arrivés au saint lieu, les trois voyageurs ouvrent les yeux et leurs cœurs devant la figure de Joseph. Le bruit d'un petit filet d'eau parvient à leurs oreilles. Leurs regards sont irrémédiablement attirés vers le père qui tient l'enfant dans ses bras. Chacun des pèlerins se sent concerné. Ils sont pères eux aussi et méditent en silence sur la vocation parentale. Comme une évidence, les idées fusent et se bousculent. Immédiatement, c'est la globalité de la charge qui leur vient à l'esprit, puis c'est le cas spécifique de Joseph qui, par son exemplarité, s'impose à eux.

La paternité, dans le meilleur des cas, c'est d'abord une existence réconfortante pour la petite fille ou le petit garçon. Ensuite, par sa présence physique réelle, parce que le père est là, il agit lorsque l'enfant ou l'épouse a besoin de lui. Enfin, il apporte la sécurité, la santé et l'éducation. Joseph, père de Jésus, ne se limite pas à vivre sa vocation de père ; il fait jaillir, émerger, examiner et méditer une réflexion en chaque père sur ce qu'est la paternité dans sa substance et les implications qu'elle induit en termes d'amour, de responsabilité et de devoirs. Par son silence, il exprime l'essence intense de sa mission qu'il nous permet de ressentir et de partager. L'époux de Marie montre par l'exemple à l'humanité ce qu'est un père en profondeur. À la fois le conjoint et celui qui accompagne l'enfant qu'il a reçu sans limitation de durée. Il assume le don de Dieu, accepte cette charge en toute humilité. Il exerce, par son obéissance et la compétence qu'il a acquise, par sa volonté d'assumer cette tâche, le devoir et le droit de veiller sur la famille dont il est le gardien. Saint Joseph regarde son épouse et l'enfant avec les yeux de l'amour en exerçant l'autorité reçue de l'unique Père des cieux.

L'autorité paternelle, comme l'autorité royale, comme l'autorité presbytérale, est une vocation, un service ; ce n'est pas un sacrifice mais le don mûr de soi. Si la France désire un père, en revanche, elle n'a pas envie de chefs interchangeables. Le monde « refuse celui qui veut utiliser la possession de l'autre pour remplir son propre vide ; il refuse ceux qui confondent autorité avec autoritarisme, service avec servilité, confrontation avec oppression, charité avec assistanat, force avec destruction. » (Pape François).

Comme serviteur de ceux dont il a la charge, cette faculté ne prend pas sa source en lui mais elle lui est donnée. Elle est une permanence à l'égard des autres. C'est un pouvoir exercé dans l'amour au bénéfice de ceux qui lui sont confiés. Joseph est l'unique réponse à nos attentes, il aime dans l'inquiétude, la peine, le tourment, pourtant il n'aime pas être déconcerté, souffrir, et douter. Il est le maître de l'apprentissage de la perfection : l'exemple pour son enfant. Joseph est le chemin de tout père, de tout souverain et de tout prêtre, c'est lui qui assure le bien-être physique et psychologique, le gîte et le couvert, temporel ou spirituel, la sécurité et l'évolution. C'est aussi celui qui par un acte volontaire décide de sa paternité. Le père est celui qui reconnaît l'enfant et qui assume son libre choix d'endosser cet état particulier. Être père, c'est renouveler chaque jour cette reconnaissance par un oui du cœur.

Joseph est juif ; il pratique les rites et dogmes de sa foi avec sagesse et ferveur. C'est un homme bon et loyal, intègre et sincère, impartial et équitable, fidèle et raisonnable, droit et magnanime. Lui, le juste parmi les justes, décide de ne pas révéler. Il comprend le secret, le mystère intime de Marie, l'énigmatique profondeur de la révélation faite à sa fiancée. Il ne doute pas de Marie mais par humilité, il envisage de lui rendre sa liberté. C'est l'honnêteté de Joseph, sa grandeur, sa noblesse et sa beauté. Contrit car il est pêcheur, il ne veut pas se faire passer pour le père de l'enfant, il s'efface devant Dieu. Il aime Marie et s'apprête à faire le sacrifice de l'amour qu'il a pour elle.

Dépassé par l'événement, ne sachant pas à quelle place il va pouvoir se situer, il va s'allonger et s'endort. Ne dit-on pas que « la nuit porte conseil » ou bien « demain, nous y verrons plus clair » ? Alors, dans un songe, l'ange lui révèle la vérité portée par Marie et annonce dans l'intimité d'une oraison silencieuse sa métamorphose en la paternité par la conversion de son cœur par et dans l'Esprit. Il compte sur lui pour être le père et donner un nom à l'enfant : « Dieu sauve » puis

« Ne crains pas de recevoir et d'accueillir Marie pour épouse ». Joseph s'abandonne au créateur et répond : « que Ta volonté soit faite ».

Joseph est le vrai cadeau que Dieu fait à tous les pères. La paternité, même si elle n'est pas charnelle, est réelle et existe toujours au présent pour celui qui assume un enfant. Être père, c'est chaque matin se lever et penser à ceux dont il a le vrai bonheur d'accepter aujourd'hui la responsabilité. C'est aujourd'hui, chaque jour de sa vie temporelle mais aussi aujourd'hui, un accompagnement par la présence lorsqu'il ne sera plus dans la forme physique humaine terrestre. Car lorsqu'il quitte son enveloppe charnelle, le père est toujours présent. Son empreinte s'exprime sous une autre forme. Celle qui guide beaucoup d'actes de la vie. Il suffit de regarder l'enfant pour voir le père...

Joseph a la clé explicitement et Marie a la clé implicitement. Ils savent dans leur cœur que Jésus sauvera son peuple des péchés du monde, même s'ils n'ont pas conscience que par « peuple », Dieu, déjà, élargit cette notion, qui semble restrictive au premier abord, à l'intégralité de la famille humaine. La paternité de Joseph fait de Jésus, par filiation, le fils de David. Elle est la clé de voûte des noces. Joseph va protéger l'enfant, il est le sauveur humain du sauveur divin. Jésus, par le contact direct avec Joseph, prend la mesure de son humanité, de sa place dans sa famille avec un père et une mère.

L'enfant Jésus bénéficie d'un Père consubstantiel, un Père en lui qui est lui et n'est pourtant pas de ce monde. En regardant les actes du Christ et en écoutant sa parole, nous prenons conscience de la paternité divine qui guide les actes de Jésus vrai homme. Il suffit de regarder et d'écouter le Fils pour voir le Père…

Le Christ fait découvrir Dieu le Père, par révélation de l'Esprit Saint dans le cœur singulier et individuel de ses frères en humanité et de ses enfants, comme vrai Dieu. Il guide ainsi leurs actes par sa présence aimante et bienveillante. Il suffit de contempler l'enfant pour discerner le Père…

Le père est trois en nous : le père aimant et protecteur, le père exemplaire qui force le respect et l'admiration et le père esprit qui est dans notre intimité profonde et nous montre le chemin de la vie et de l'amour.

Les pénitents émerveillés, par la chaleur de l'amour bienveillant et miséricordieux qui envahit leurs cœurs, quittent le sanctuaire du mont Bessillon et se rendent dans le saint lieu de Notre-Dame de Grâces.

Marie est là. Sa douce discrétion, sa présence silencieuse et pudique, enveloppe les visiteurs. Une ferveur ardente, agréable, harmonieuse et suave envahit les pèlerins. Ils s'installent devant celle qui les regarde tendrement et s'ouvrent avec confiance en exprimant, par la prière, l'amour qu'ils ont pour leur mère du ciel. L'émotion les submerge.

Depuis l'annonciation, l'enfant est là, présent dans le ventre de l'immaculée conception. Il s'y développe comme tout embryon d'abord, puis comme fœtus et nourrisson en devenir. Il est un vrai homme et pourtant… Il est aussi le vrai Dieu dans son unicité car présent depuis l'éternité. Par amour de l'humanité, Dieu s'est intégralement fait homme. Il s'est incarné en Jésus. Pourtant, dans son unicité, il reste aussi extérieur à l'incarnation comme Père de chacune et chacun d'entre nous avec un amour sans faille, miséricordieux et bienveillant. Le Père en étant père de chacun devient Père commun d'un père ou d'une mère et de son enfant. Je partage avec mon époux, mon épouse, ma mère, mon père, ma fille ou mon fils le même Père. Pour Marie, sa vocation de mère, depuis que le Christ, sur la croix, s'est dépouillé de sa propre mère en nous la donnant en partage « voici ta mère », en fait la mère commune d'un père ou d'une mère et de son enfant sans distinction de génération. Louis XIII a offert la couronne de France à Marie ; la Reine est amour incarné. Elle nous montre la voie, le chemin, la route...

L'autorité ne peut s'exercer que dans l'amour et la vérité. C'est pour cela qu'il faut rappeler les règles patrimoniales, immémoriales et inaliénables des principes fondamentaux qui régissent la société Française. Le texte qui suit a été écrit par deux des pénitents pour préciser la philosophie gréco-latine et les racines judéo-chrétiennes de l'action publique dans notre pays. Il est le cadre indispensable à toute action pour la France du XXIème siècle.

L'EQUILIBRATIE

En observant, avec recul, la société dans laquelle nous vivons, plusieurs questions de bon sens reviennent régulièrement sur le devant de l'actualité, en particulier sur le modèle d'organisation et de gouvernance de la France. Il n'est pas souhaitable de mettre en avant le sentiment d'inquiétude partagé par nos concitoyens car ce n'est pas productif dans ce cadre. Aujourd'hui, l'exercice du pouvoir nous démontre depuis plusieurs dizaines d'années, qu'il faut réinventer la structure juridique commune pour créer une nouvelle manière de partager la souveraineté afin qu'elle soit non seulement équitable, mais surtout équilibrée, juste et conforme aux problèmes du XXIème siècle. Le paradoxe de cette projection vers l'avenir c'est qu'Aristote, au IVème siècle avant Jésus-Christ, avait déjà émis des hypothèses pour définir le pouvoir légitime en extrapolant sur un régime « mixte ». Pour lui, la justification du pouvoir se fonde sur trois modes d'exercice, qui ont chacun leur propre bien-fondé. Si, au début, chacun est légitime, responsable et justifié, en revanche, le dévoiement s'accroît avec le temps et ne donne pas, de chacun d'entre eux pris séparément, une image avantageuse.

D'abord, le pouvoir du peuple, appelé « démocratie ». La population d'un pays donne son avis et choisit ceux qui vont légiférer et diriger avec le principe de libre consentement aux lois et à l'impôt par l'intermédiaire de ses représentants. Avec le temps, les élus finissent au nom du peuple par s'allier les uns aux autres dans des systèmes factieux en confisquant le pouvoir aux habitants et en n'agissant que pour leurs partisans. Le désaccord est consommé lorsque les citoyens ont l'impression de ne plus être représentés ou d'être trompés. La désaffection par l'abstention électorale est le premier signe de l'écart entre les convictions profondes citoyennes et ce qui est réellement décidé. L'impression d'être dépossédé de son vote crée un sentiment de frustration, de mépris et d'abandon. Lorsque les minorités imposent leur point de vue à la majorité par la pression psychologique ou physique et que celui-ci est légiféré par les représentants de la nation, la rupture est proche. L'anarchie induite par la défiance entame une lutte violente de tous contre tous qui peut dégénérer jusqu'à la guerre civile. La démagogie d'un seul amène ensuite une dictature

« du peuple pour le peuple et par le peuple », qui se réclame de la démocratie (populaire) dirigée par des tyrans sanguinaires comme Hitler, Pol Pot, Mao, Staline…

Ensuite, le pouvoir par quelques-uns appelé « aristocratie » (sans rapport avec la noblesse). Normalement, il s'agit des meilleurs. L'efficacité, la réactivité, l'expertise et la compétence sont les vertus de ce mode d'exercice du pouvoir au service du bien commun et de l'intérêt général. Pourtant, la dégradation des rapports avec le peuple s'opère rapidement car l'élite perd le contact avec la réalité quotidienne vécue par ses citoyens. Se revendiquant « intellectuels », cette caste d'idéologues formate le mode de vie, d'existence et de pensée. Très rapidement, ils discréditent les autres modes afin de supprimer toute contestation. Ils se développent sur un secteur géographique limité comme l'État ou une confédération d'États. Cette première catégorie, « l'oligarchie », met les personnes à son service pour bénéficier d'une position sociale particulière et peut aller jusqu'à établir une forme d'esclavage de tous au bénéfice de quelques-uns. La seconde catégorie, « la ploutocratie », est celle des gens d'argent qui se partagent le pouvoir. Ils imposent un mode d'organisation qui rapidement rabaisse les habitants au rang primaire de consommateurs. Chaque action entraîne le calcul du retour immédiat sur investissement. L'utilité ou le poids financier de l'individu est la norme qui détermine la place occupée dans la hiérarchie humaine mondiale. Est en place une synarchie internationale des plus riches qui se partagent le pouvoir, imposent leurs lois, endoctrinent les peuples à l'aide des médias ou des réseaux sociaux qu'ils financent, et asservissent les êtres humains à leur profit. Elle détermine chacun par son utilité, sa capacité de production et son pouvoir de consommation. Tout s'achète, tout se vend, y compris la vie, l'environnement ou la dignité humaine. La marchandisation de l'homme lui ôte son humanité. L'entre-soi est la particularité de ce pouvoir qui, dans les dictatures, enlève même à la justice les jurés (émanation du peuple) pour les remplacer par des professionnels qui, en se cooptant, suivent (car ils sont déconnectés des réalités quotidiennes et de la vie des gens) une idéologie sectaire et partisane véhiculée par le moule de leurs écoles de magistrats.

Enfin, le pouvoir d'un seul appelé « monarchie ». Sa légitimité se définit par l'apport immémorial de sa famille à l'histoire du pays, et la contribution à l'essence de l'État. Cette logique sous-entend l'incarnation dynastique du territoire par le monarque. Elle s'appuie sur une logique de transmission, de continuité et de tradition. Elle nous donne l'image du chef d'une entreprise familiale (le père) qui s'inquiète de l'héritage à transmettre à ses concitoyens à venir. Sa logique est de la développer, de la faire prospérer et surtout de préserver et d'entretenir le patrimoine spirituel, matériel et culturel qu'il va léguer à ses successeurs (son héritier et le peuple). La règle de permanence dans le temps et l'espace est première et induit la prévoyance, la protection et une vision d'avenir dans la constance. Comme les deux autres pouvoirs, celui du monarque, s'il s'exerce seul, peut dévier vers l'incompétence ou la dictature.

Chaque pouvoir possède une légitimité qui lui est propre et complémentaire. Ce qui est unique, comme nous l'avons vu, dégénère. Si chacun, par son inertie propre, peut dévier avec l'usure du temps, en revanche, la coexistence des pouvoirs permet à ceux-ci de se réguler les uns par rapport aux autres. Ce système a aussi une période de vie limitée. Le partage entre deux pouvoirs se déséquilibre dans la durée au détriment du plus faible juridiquement ou idéologiquement. Cette dualité se termine toujours en affrontement, car inexorablement l'un et l'autre se combattront pour déterminer celui qui, devenant premier par une force exorbitante, asservira le second. L'exercice des responsabilités avec le régime actuel ne peut perdurer car il nous mène vers deux types d'extrémisme qui sont les aboutissements des dérives du pouvoir démocratique d'une part, et du pouvoir oligarchique d'autre part. La démocratie n'existe plus car ce sont les minorités, par l'intermédiaire des élites ou d'un dictateur autoproclamé, qui exercent une pression pour imposer leur point de vue à tous. Les gouvernants leur donnent satisfaction pour se maintenir au pouvoir. Nous sommes à la croisée des chemins.

La monarchie est l'autorité complémentaire des deux autres formes de pouvoirs car elle garantit les libertés populaires et régule les dirigeants. Elle coexiste avec une gouvernance efficace en la contrôlant et en l'aidant à servir le bien commun et le peuple. La répartition harmonieuse des pouvoirs, de la richesse et des droits est la clé de voûte d'un pays harmonieux, proche de ses concitoyens et soucieux de ses élites.

Lorsqu'un pouvoir dégénère, la règle du « deux face au troisième » pondère les velléités conspirationnistes et ramène à la raison l'autorité, les gouvernants ou l'apprenti dictateur afin de transformer la puissance déviante en dignité respectable.

L'hégémonie décadente est compensée temporairement par les autres qui sont des contre-pouvoirs naturels en cas de crise. Le monarque a le devoir de demander l'avis du peuple face au pouvoir dégénéré. Ce système empêche l'existence du despotisme car le pouvoir totalitaire est contrecarré par les deux autres.

DROIT ECRIT & COUTUMIER

Les racines politiques de La France prennent leur origine en Grèce. L'essence du juridique a germé dans le monde romain. Cicéron au Ier siècle avant Jésus Christ fixe le droit naturel comme source universelle car dicté par la raison (qui est le propre de l'homme). C'est un droit qui s'impose à tous. Les lois physiques, physiologiques, morales et des rapports humains, sont l'aboutissement temporel du droit divin, le Créateur étant à l'origine de la nature humaine.

La justice tire sa légitimité du droit et s'exerce par rapport aux règles communes édictées par celui-ci. Aujourd'hui, la tradition française s'inscrit dans la continuité des principes du droit romain que l'on peut déterminer par un droit écrit et opposable qui s'applique à tous, dans nos rapports aux autres, à nous-mêmes et à notre environnement. La loi en France s'impose à la population qui réside sur son territoire ; c'est pour cela qu'elle est choisie par une autorité qui a mandat pour l'édicter : le peuple, ses représentants, son ou ses dirigeants. Ce peut être l'un, deux ou l'intégralité des pouvoirs de l'équilibratie qui la déterminent et qui la font respecter dans leurs attributions respectives. Afin d'encadrer la rédaction ou l'application de la loi, il existe un texte suprême, une constitution de référence, un statut supérieur qui définit le bornage des textes de droit, les rapports entre les pouvoirs et les attributions de ceux-ci.

Le droit écrit (de tradition très ancienne au sud de la France) coexiste avec un droit coutumier et évolutif (hérité des vieilles règles juridiques du nord de la France) appelé jurisprudence qui tient compte de la réalité du contexte de vie, des traditions locales et nationales dans lesquelles nous évoluons. Cette jurisprudence doit être enserrée par une procédure d'exception pour éviter les dérives. En aucun cas elle n'a vocation à édicter de nouvelles règles et n'est pas référence pour l'évolution de celles-ci car seuls les pouvoirs ont souveraineté pour créer la loi, comme les magistrats ont autorité pour dire le droit. La primauté du droit Français en France sur toute autre forme de droit y compris international ou religieux est la règle.

UNE PHILOSOPHIE SOCIALE

LA DIGNITE DE LA PERSONNE HUMAINE

Chaque personne, chaque être humain est digne de respect quelle que soit son origine, son âge, son sexe, sa religion, ses choix de vie et de mœurs, son éducation, sa capacité économique, laborieuse, intellectuelle ou physique, son travail et sa santé, sa réussite professionnelle ou son niveau d'études, son lieu de vie et son environnement. Aucune caractéristique engendrant des différences quelles qu'elles soient ne saurait porter atteinte au respect dû à chacun. La dignité s'établit par sa seule propre réalité d'appartenance au monde comme « être humain ».

La dignité humaine entraîne qu'une personne n'est jamais un moyen, mais une fin en soi. Toute réflexion sur l'homme, autant philosophique, théologique, que politique doit tenir compte de cette réalité. Un être humain n'est pas un levier, une entité manipulable ou corvéable, voire un esclave mais il est la personne sur laquelle toute attention, tout accompagnement et toute action, doit se focaliser dans la paix avec justice et amour.

Sur Terre, l'être humain n'est pas seul. Si la personne individuelle possède par essence une dignité, en revanche, la « vérité » personnelle et l'individualisme ne saurait s'y substituer, l'occulter ou la détruire. Le principe de dignité donne droit d'appartenance à une communauté universelle : la famille humaine. Chaque personne, en trouvant pleinement sa place dans l'évolution de l'humanité, parmi et accompagné de ses semblables, en un temps donné, et sur un territoire physique réel, s'accomplit et œuvre comme partie prenante et acteur de la vie. Sa dignité la rend apte à prendre part au bien commun et au bien-être de tous, en particulier des plus petits, des plus pauvres et des plus vulnérables. Elle l'habilite à s'exprimer et à participer, au quotidien, dans la société par sa contribution à l'organisation juridique, sociale, économique et politique, en veillant au juste équilibre entre ces entités, afin de préserver la dignité humaine et de favoriser la capacité des individus à vivre en communauté.

Ce principe, base de protection des droits fondamentaux, va s'exercer dans une société et un environnement qui vont fixer quatre valeurs fondamentales :

- la vérité qui donne les règles de référence permettant de savoir différencier le bien et le mal,

- la liberté qui est la capacité de choisir en conscience entre le bien et le mal,
- la paix qui offre l'équilibre intérieur et permet l'harmonie d'une communauté afin de s'accorder dans un groupe avec humanité,
- la justice qui va se décliner, d'abord en justice commutative, appréciant et sanctionnant un acte par rapport à des règles préétablies avec une conséquence positive ou négative pour celui qui commet l'acte, ensuite en justice équitable qui permet de recevoir dans une communauté proportionnellement à sa propre contribution, et enfin en une justice sociale qui donne à chacun selon ce qui lui est nécessaire pour s'accomplir comme être humain.

En respectant ces valeurs, la conscience humaine pourra ainsi agir librement en connaissant les conséquences de ses choix.

La liberté de conscience et son expression du choix intime qu'elle induit lors d'un refus - l'objection de conscience - sont étouffées par la propagande officielle des « valeurs » dites « républicaines » véhiculées par la dictature des pensées convenues. Les droits individualistes, de l'État intolérant et mortifère, mettent au rang des accusés ceux qui, au nom du respect de la dignité humaine, voudraient limiter les « libertés » des minorités militantes égocentriques. L'indignation sélective et sectaire entraîne une violence d'autant plus haineuse qu'elle est autorisée pour les uns et bannie pour les autres. Choisir des droits pour ceux avec qui l'on s'accorde, puis les défendre jusqu'à la condamnation de nos semblables en désaccord, est le principe même d'une dictature.

La première des actions pour protéger la nature et l'environnement devrait être de respecter les lois naturelles. L'atteinte à la dignité humaine s'est invitée insidieusement par un chantage permanent et ciblé, inscrit dans la loi et surtout au service des idéologies qui ne respectent ni l'homme ni la nature. Le régime politique actuel nous emprisonne par l'asservissement qu'il impose à notre réflexion. Ne pas approuver un choix mortifère expose, de la part des doctrinaires « progressistes » obscurantistes, des minorités agissantes et de la mafia des exploiteurs économiques de certaines détresses humaines, à des accusations d'intolérance, à des procès politiques ou médiatiques, à de la censure, à de l'exclusion et à toutes formes de sanctions injustes. Celles-ci sont pénalement aggravées par l'amalgame entre le refus d'un choix de société et l'ostracisation supposée et le plus souvent calomnieuse de la petite poignée des personnes

qui réclame ce choix. Les activistes s'érigent en victimes pour aider le carcan à se resserrer davantage et enfermer les personnes qui prennent les décisions dans la seule issue « conforme » s'ils veulent rester dans la vie sociale de leur pays. La discrimination dans plusieurs parcours de formation, dans l'accès à des postes à responsabilité, ou une discrimination à l'embauche, sont alors la règle. Ainsi en va-t-il par exemple des soignants s'ils ne sont pas imprégnés ou ne se réclament pas de la propagande officielle. La liberté de parole et de conscience est ainsi menacée. La dissuasion est l'arme sournoise véhiculée par la mode « bien-pensante » ou le « le prêt-à-penser » en vogue. Cette nouvelle forme de dictature par l'oppression intellectuelle, l'endoctrinement et la propagande va à l'encontre de la dignité, du bien commun et de la vie.
Les lois qui touchent à la dignité de la personne humaine ou à la vie ne peuvent être défiées par ceux qui revendiquent l'objection de conscience sous peine de mise à l'écart, de perte d'emploi, de condamnation arbitraire par la vindicte des propagandistes. À Nuremberg, le tribunal a affirmé que les accusés ne pouvaient ignorer la voix de leur conscience, qu'en est-il aujourd'hui de nos concitoyens et de nos dirigeants ? Seule une

libération de l'idéologie unique et funeste du régime actuel pourrait apporter la sérénité nécessaire au respect de la dignité de la personne humaine.

La dignité se décline dans tous les instants de la vie quotidienne. Dans le contexte du travail, l'homme, par son labeur, son rapport à l'autre et sa contribution à l'œuvre commune, est invité à grandir en humanité. La règle première pour définir les conditions de travail est de qualifier homme celui qui œuvre. Il est sujet par une relation interactive ; il n'est pas objet.

Le reconnaître comme une personne implique de vouloir le meilleur pour lui, de l'aider à s'accomplir et se réaliser pleinement pour devenir ce qu'il est vraiment. Même s'il est nécessaire qu'une hiérarchie existe pour des raisons de compétence, de prise de décision et d'harmonie du travail, toute personne est l'égal de son interlocuteur. L'humilité est la véritable règle du respect de la dignité.

Il n'est pas concevable que l'un ou l'autre accapare un collègue, un supérieur hiérarchique ou un employé. Utiliser l'autre reviendrait à lui donner le statut d'objet. La relation sereine est le rapport de sujet à sujet, et en aucun cas de sujet à objet ou pire encore dans la déconsidération commune, d'objet à objet. La dignité dans le travail est indissociable de la dignité humaine. La république actuelle, économiste et mondialiste, considère l'individu comme objet de consommation ou objet de production. Bien au contraire, les principes de la France éternelle posent des droits pour les travailleurs quels qu'ils soient : la juste rémunération, pouvoir vivre dignement seul ou avec sa famille et épargner pour se sécuriser. Il faut y ajouter le droit au repos, à une vie familiale et personnelle.

En raison de leur humanité, nos semblables ne sont pas une ressource que l'on vient puiser et utiliser, voire jeter après usage. L'exploitation est indigne, en particulier celle des femmes, des enfants et des plus faibles. « Travailleur du sexe », souvent victime d'une filière mafieuse, n'est pas un travail. Il est honteux que ce vocabulaire minimise et donne un semblant de décence à l'avilissement d'un être humain. Si celui qui pratique la prostitution possède, car il est homme, l'intégralité de sa dignité, en revanche, accepter un labeur qui réduit l'être à un produit, avec ou sans contrainte, n'est pas admissible. L'exploitation ou la marchandisation de l'homme par l'homme est insupportable et inacceptable.

L'activité professionnelle a du sens quand celui qui la pratique en conçoit l'utilité. Les conditions de travail concertées, acceptées et adaptées permettent de donner le meilleur de soi. Elles ne peuvent se dissocier du respect de la vie de famille, de la capacité d'agir, d'inventer sa vie librement. La reconnaissance passe par l'acceptation des limites de chacun et de celles d'autrui. Le droit à l'erreur participe de l'humanité de la dignité individuelle.

Aujourd'hui, la pression du système socio-économique mondialiste menace la dignité. La concurrence de la production impose toujours plus de contraintes à la rémunération, à la couverture sociale et aux conditions de travail. La dérégulation internationale porte atteinte à l'intégrité des actifs. Les travailleurs pauvres, les femmes, les enfants et les vieillards sont dans l'obligation de besogner jusqu'au bout de leurs forces voire jusqu'à la mort sans que nul ne s'en offusque. Le couvercle de fonte de l'indifférence se referme sur eux et couvre leurs cris désespérés. Les médias et les gouvernants ne s'indignent pas car ils refusent de voir les réalités, surtout celles qui dérangent. La lumière des profits les éblouit. L'égocentrisme et l'ambition personnelle les rendent aveugles. Par complicité ou « loyauté », ils préfèrent occulter l'enrichissement de la minorité qui les possède ou qui les met en place. Lorsque la noirceur obscure de la crise viendra, certains d'entre eux, en partageant la condition commune, prendront conscience de la réalité de l'anarchisme économique qui amène tant de drames humains par l'irrespect volontaire de la dignité humaine.

L'homme n'est pas un objet au service de l'efficacité. Il est sujet et acteur car une entreprise ne marche jamais aussi bien que lorsque ses employés s'investissent.

L'engagement des salariés leur donne un droit moral de copropriété sur l'outil de travail. Un juste partage des fruits de l'activité professionnelle est la contrepartie appropriée pour ceux qui contribuent au développement de la firme qui les emploie. Une entreprise en fin d'année fiscale devrait, lorsqu'il lui reste des valeurs financières et au lieu d'en distribuer l'intégralité aux actionnaires, partager les dividendes en deux parts égales, l'une pour les actionnaires et la seconde pour ses employés. Ainsi, l'entreprise créerait un environnement propre à stimuler ses employés et améliorer sa production : parce qu'ils sont partie prenante, les employés revendiqueraient avec mesure, intelligence et justesse, sans atteinte à l'outil de travail ou grève contre leurs intérêts.

L'investissement personnel est une source de valorisation à condition de percevoir le juste salaire qui donne des conditions de vie et d'existence propres à la dignité humaine.

L'être humain ayant une valeur bien supérieure à la valeur économique, sa rémunération doit lui permettre de vivre dignement, de se loger, de se nourrir, d'élever les siens en leur construisant un avenir (études, etc.), de s'occuper de sa famille et d'épargner pour se projeter sereinement dans le futur.

Cette proposition fondamentale guide toute action politique. Si le salaire minimum est devenu incontournable, en revanche l'accès au logement par achat ou location est la nouvelle priorité pour les Français. Comment tolérer, aujourd'hui, qu'un professeur des écoles ne puisse résider décemment à proximité de son lieu de travail en particulier à Paris ou dans les grandes métropoles ? Le fonctionnaire œuvre au service des autres par sa contribution laborieuse. Qualification, responsabilité, reconnaissance que chacun doit vivre décemment... Dans la fonction publique, où en sommes-nous ? Le régime actuel méprise ses employés depuis de nombreuses années en les appauvrissant. L'accès à la transcendance, à la culture, à l'enseignement, aux sports et aux loisirs est une autre priorité, en particulier depuis le développement du télétravail. Il est nécessaire de mettre en place des lieux d'épanouissement personnel, de partage, de rencontre et de convivialité.

L'homme « augmenté » ne doit pas être considéré pour sa valeur matérielle comme le préconisent les élites politiques, matérialistes et financières. Si les nouvelles technologies sont des aides souhaitables pour l'homme, en revanche, la robotisation de l'humain ou la manipulation génétique est contraire à la dignité. La technologie est bonne servante mais mauvaise patronne.

Dans le meilleur des cas, le modernisme aide une personne à évaluer, discerner et décider. C'est une valeur ajoutée qui contribue à faire grandir l'homme en humanité.

« L'intelligence » artificielle n'existe pas car elle n'éprouve pas de sentiment, n'a pas la conscience de ses faiblesses à surmonter ; l'altérité lui est inconnue et surtout, elle ne peut accéder à la spiritualité d'une philosophie éthique. Le prétexte fallacieux de servir la lutte pour l'écologie ne saurait justifier les dérives portant atteinte à l'intégrité physique ou mentale de l'homme. Transformer un individu quel qu'en soit le motif le met dans la catégorie des objets.

Travailler, c'est lutter contre la pauvreté. Le juste salaire est le plus sûr moyen d'y arriver. Si tout travail mérite salaire, il est en revanche inacceptable de percevoir un traitement ou une allocation sans que celle-ci rémunère un travail effectif. Toute rémunération se mérite par un travail. Actuellement, la différence entre la rémunération laborieuse et l'allocation du non-travail est presque insignifiante. Il s'ajoute une grave incompréhension porteuse de violence entre le faible salaire perçu par l'employé appelé à contribuer par son travail au développement de la France et au bien commun, et la sur-rémunération de l'activité qui entoure la volatilité du capital.

Percevoir un salaire décent, permet de participer aux charges financières familiales, sociales et territoriales. L'autorité publique a la charge de le calculer et de l'imposer pour éradiquer la catégorie des travailleurs pauvres. Face à cette obligation morale, notre pays a le devoir d'exiger un ordre économique mondial qui tienne compte de la dignité humaine. En continuant à tolérer des achats à l'autre bout de la planète sans contrôle des conditions de travail et de la protection sociale des travailleurs, le régime actuel participe au déclin industriel de la France et se rend complice d'une des pires formes d'inhumanité : l'esclavagisme. Et n'oublions pas les carences en matière d'approche sanitaire, de conditions d'exploitations respectueuses de l'environnement et de la santé des consommateurs.

De la dignité de la personne va découler un deuxième principe fondamental : le respect de la vie humaine. Ensuite, une série de droits qui y sont attachés : la solidarité, faire communauté, sauvegarder la vie terrestre, la subsidiarité et enfin un principe moteur de notre société : le bien commun.

LE RESPECT DE LA VIE HUMAINE

« Chaque personne, de sa conception jusqu'à sa mort naturelle, possède une dignité inhérente à sa nature humaine. Le droit à la vie s'exerce en conformité avec cette dignité ». (Doctrine sociale de l'Église)

Parce qu'elle est le sanctuaire de la dignité humaine, la vie d'un homme est inviolable et inaliénable. La protection et le respect de celle-ci, à tous les instants de son développement jusqu'à sa détérioration parfois lente mais inéluctable, contribuent au caractère sacré de la bonne marche morale d'une société généreuse et juste. Ce caractère sacré est nécessaire pour se pencher sur la vie et ce qu'elle induit, en commençant par son essence. Nous arriverons tous un jour à clôturer notre propre existence. Toute histoire, toute vie débute...

L'enfant va dans un premier temps être accueilli au sein du sanctuaire maternel. C'est une histoire intime et sociale.

Le désir d'enfant puis la décision d'accueil de la vie semble le chemin évident du couple. Dans la réalité, la grossesse suit une décision de choix volontaires, à commencer par l'arrêt de la contraception avec l'incertitude d'une l'infertilité possible d'autant plus probable que la mère avance en âge. Puis, il s'agit, dans notre société, d'appréhender toutes sortes de paramètres affectifs, matériels, financiers, l'espacement des enfants, la carrière professionnelle, la stabilité du couple et surtout la question existentielle de se sentir prêt ou capable de faire face à cette charge. Il y a en outre une projection induite qui valide la place que nous occupons dans la société et qui nous ouvre l'avenir : être le bon père, la bonne mère, dans la stabilité familiale, et accueillir au bon moment cette vie qui va bouleverser l'histoire personnelle de chacun des parents. Cette démarche consciente est raisonnable d'où une ambivalence du désir, car femmes et hommes ne sont pas égaux face au projet, l'homme passant le plus souvent par le souhait de sa femme.

Dans notre société, la dissociation entre la procréation et la sexualité conditionne le désir d'enfant à la contraception. La sexualité relègue la procréation à un moyen d'assouvir un besoin d'enfant. Cela permet de considérer comme catastrophe une grossesse par accident que la femme et l'homme croyaient impossible. Lors d'une grossesse non-souhaitée, l'injonction du

désir - car le couple est soumis à cette norme
sociale - met par le fait accompli tout son poids
pour envisager la suppression d'une gestation non
désirée.

La femme est enfermée par la banalisation de
l'avortement, reléguée à une simple méthode de
contraception, et par l'attitude du compagnon qui
se sentira mis contre sa volonté devant un fait qu'il
vivra comme abstrait. Le rejet du père, son refus
d'assumer, la violence d'une séparation possible,
la pression psychologique, matérielle, financière,
le « ce n'est pas le moment » est la réalité vécue par
de nombreuses femmes. Pour la plupart des
hommes, la contraception n'est pas leur affaire.
Pour se déculpabiliser et par lâcheté, et aussi parce
que l'interruption volontaire de grossesse est une
marque et une norme de la société d'aujourd'hui,
ce recours lui semblera le meilleur moyen de
répondre à la difficulté. Par ailleurs, le discours
idéologique ambiant déculpabilise l'acte dans le
droit des femmes, présenté comme l'exercice de
leur liberté : « Je suis une femme libre donc
j'avorte ». Pourquoi une femme libre ne ferait-elle
pas le choix d'aimer ?

Puisque cette « liberté » existe, la grossesse
inattendue se résume à une prise de décision.
Celle-ci est encadrée d'une manière perverse par

cette culture actuelle qui juge de la capacité à maîtriser sa vie en posant des actes conformes à l'idéologie mortifère. La capacité d'adaptation et l'accueil sont relégués au rang d'option.

L'acte irrévocable commis pour donner suite à une pression ou à un chantage social extérieur est une atteinte à la liberté de choisir en conscience. Pour être libre, il faut sortir de l'injonction de la décision. En face de la grossesse imprévue, la mère, après un moment de sidération, a besoin de prendre le temps pour accueillir, accepter et affronter sa situation nouvelle. Les indispensables, information et écoute intime, exigent une période plus ou moins longue, propice à l'appropriation personnelle. En favorisant une période de réflexion, la mère osera, en conscience, dépasser le ressenti, discerner ses peurs et décrypter une réalité bien présente.

En ce qui concerne le père, l'appropriation de sa paternité nécessite de prendre en compte un temps long. Devant l'imprévu, comme il n'a pas la dimension de l'enfant dans son corps, que le coté charnel lui est étranger, il n'est pas prêt, n'en veut pas et souhaite que la mère avorte. La prise de conscience attend même parfois des signes visibles de gestation. Face à cette attitude, la femme vit l'épreuve de ne pas céder à la volonté, ou d'accéder à l'exigence masculine, avec le risque d'une période angoissante de peurs, d'opposition ou d'éloignement... Ce que le père affirme sur l'instant ne présage en rien de l'évolution de son attitude future et ce qu'il exprime avec agressivité n'est pas à l'image du père responsable, aimant et bienveillant qu'il sera.

Et il ne faut pas oublier les pères qui veulent l'enfant et se heurtent au refus maternel.

La période qui va suivre va permettre de bâtir un environnement d'accueil de la vie. Le couple va découvrir la réalité des fausses promesses d'épanouissement et de bonheur de la sexualité, en remettant, par la réflexion, l'amour et le couple à sa juste place. L'âge idéal d'une maternité pour une personne majeure n'existe pas. Tous les efforts doivent se concentrer sur la conciliation entre grossesse et maternité, études et entrée dans la vie active, célibat et vie de couple. L'urgence est d'inventer et réinventer les moyens de prévention de l'infertilité, de l'avortement, et lors de la maternité, de ne pas empêcher, voire d'aider la vie affective, de couple, professionnelle et sexuelle.

Il ne s'agit pas de remettre en cause la dépénalisation de l'avortement mais d'offrir des alternatives sérieuses et crédibles à la culture mortifère du régime actuel. Il n'est pas question de punir une personne dans la détresse mais bien au contraire de l'aider, de lui offrir une main secourable et de l'accompagner quel que soit son choix.

L'accueil va alors se préparer dans l'intimité du lieu fondamental de l'amour familial, le refuge bienveillant du premier noyau communautaire, la famille.

FAIRE COMMUNAUTÉ

L'homme n'est pas conçu pour vivre seul. Depuis les origines, L'homme a toujours vécu en groupe. Pour lui, c'est une question de survie. Le respect de la vie et la dignité de la personne humaine s'exercent et s'épanouissent par la dimension sociale des rapports humains et un principe interactif, la participation à la société selon toutes les formes possibles, associative, laborieuse, juridique, économique, légale et politique. Toute vie a vocation à œuvrer pour faire progresser le cheminement collectif, selon les compétences propres de chacun. Cette capacité à se développer ensemble en communauté est organisée selon des règles établies par l'ordre naturel universel puis par des choix spirituels et philosophiques semblables partagés par chaque groupe humain avec sa propre tradition et la modernité induite par l'évolution terrestre globale. La cellule de base fondamentale commence par le cœur de l'essence communautaire : la famille.

Quelle que soit sa taille et son visage, elle n'en reste pas moins essentielle dans la vie de l'être humain. La famille est pourtant un cocon ambivalent. C'est un « lieu » complexe qui, tour à tour, et dans des expressions plus ou moins fortes, allie le meilleur comme l'amour, le réconfort, la tendresse, l'épanouissement et parfois le pire de la souffrance, de la douleur, des blessures et de l'humiliation. C'est en son sein que la femme et l'homme vont accomplir leur besoin d'aimer et d'être aimé avec leurs différences et leurs ressemblances. Dans ce cadre, le père, la mère ou l'enfant, obtient la reconnaissance de l'autre qui amène la confiance en soi indispensable à l'épanouissement personnel. L'entourage premier est le lieu naturel et culturel de l'apprentissage de l'identité, de l'histoire et de la culture Française. C'est un groupe naturel durable permettant à l'enfant de se construire, de découvrir, d'accéder et de développer sa vocation originale. Croire en soi est l'ouverture indispensable permettant de croire en l'autre. La carence familiale, quant à elle, amène inéluctablement une crise de confiance dans le milieu de vie, à l'intérieur comme à l'extérieur de la famille, donc une défiance envers la société.

Ce milieu est un écosystème particulier qui commence par l'expérience de la gestation. La mère offre non seulement son corps biologique mais, en outre, elle fait don, dès la conception, de sa culture, ses traditions et son environnement. Elle est le premier écosystème naturel dans lequel le fœtus va se développer. Un milieu où l'enfant est fusionnel et où il gagne en autonomie jusqu'à l'accouchement car il se sert de plus en plus de ses sens au fur et à mesure que ceux-ci se développent. Le facteur premier indélébile qui définit l'humanité est cette culture innée de toute mère qui est celle du soin, de la protection de celui qui est faible et fragile. Par extension, cette partie de l'apprentissage inconscient de nos semblables avant même l'aube de la naissance, détermine l'humanité de toute personne.

L'acte de se pencher vers celui qui est vulnérable pour lui apporter de l'amour est naturel. L'ectogenèse et la gestation pour autrui sont donc une atteinte à ce don d'amour culturel et maternel. L'autre contribution est celui des personnes périphériques proches, comme le père ou les frères et sœurs. Pendant la gestation, ce facteur humain extérieur va induire le rapport à autrui et donc, par extension, le fondement de la vie en société, de la solidarité et de la sécurité. Si le socle est solide, il faudra ensuite et encore de nombreuses années pour devenir autonome et trouver la liberté et la durabilité d'amour. La famille est le fondement de tous les organes politiques. Elle donne une place dans l'histoire, dans la société de vie et permet de se situer en prenant une position en son sein avec des facteurs personnels, l'âge, le sexe et les qualités propres à chacun, physiques ou intellectuelles, dans le respect de la différence.

L'autorité prend ses racines premières par l'exercice parental d'actes posés pour le bien, la sauvegarde et l'inclusion de l'enfant dans les différentes strates sociétales qui constituent le milieu de vie et d'évolution. L'apprentissage et le rapport à l'autre vont se déterminer par des choix favorisant le bien commun, celui de tous et celui de chacun. Les règles sont paritairement fixées par les parents qui ont en charge le respect des principes édictés.

Le pouvoir démocratique familial est le fondement de la vie en société et la source de toute vie politique. L'autorité s'exerce dans un environnement donné : le lieu d'habitation. L'inviolabilité du domicile est essentielle à la souveraineté car c'est en son sein que va s'exercer la fraternité où, sans avoir décidé de vivre ensemble, des frères et des sœurs vont partager une même famille, avec un amour sincère mais parfois difficile, des moments partagés, compliqués et tendus, bienveillants et solidaires, d'éloignement et de réconciliation.

Le rôle naturel des parents a vocation de fixer la loi, créer l'harmonie familiale dans un environnement protecteur et nourricier, avec la régulation nécessaire pour favoriser l'interconnexion entre ses membres, l'apprentissage, le respect, l'évolution et l'insertion par rapport aux autres. La mission de l'État n'est pas de concurrencer la famille mais il est parfois nécessaire qu'il intervienne pour ôter l'enfant ou l'adulte victime d'un environnement violent et malsain. Le régime actuel, sous prétexte de donner une éducation égalitaire et d'enlever le jeune au déterminisme de ses parents, est tenté de l'éloigner de son environnement familial pour mieux le formater. Renforcer et défendre la famille est le rempart contre toutes les formes de dictature. La démocratie sort toujours renforcée d'une société qui soutient l'entité familiale.

Cette cellule de base de la société est génératrice de richesse, une source de prospérité, le fondement de toute solidarité. Ses membres s'entraident, se soutiennent et s'accompagnent les uns les autres. Le premier secours, lors des aléas de la vie (études longues, arrivée sur le marché du travail, perte d'un emploi, maladie, deuil, divorce, dépendance, épidémie) se déclenche dans la famille. Une société responsable a le devoir d'accompagner et d'encourager les aidants de proximité. C'est en particulier sous cet angle qu'il faut aborder les aides et soutiens extérieurs car la finalité de ces prestations se détermine par deux facteurs primordiaux : la dignité humaine et le respect de la vie. Une génération en particulier, aujourd'hui, prend toute sa place dans le processus solidaire. Cette génération pivot aide à la fois ou tour à tour, ses enfants et ses parents. Avec intelligence, elle gomme ou équilibre les inégalités. Elle s'assure que chacun bénéficie de ce qui lui est indispensable pour s'accomplir comme être humain ou contribue à préserver la dignité humaine. La solidarité transversale des parents proches, frères, sœurs, oncles, tantes, cousins et cousines s'amenuise dans les temps actuels. L'éclatement des familles amène les personnes âgées, par l'impossibilité de l'entourage de leur donner un accompagnement physique concret, à une forme abandon affectif et un sentiment d'inutilité. La restauration de la famille est un des moyens de résoudre la crise des conditions de vie de nos aînés.

En quittant les villages, les personnes ont distendu les liens familiaux. L'identité terrienne permettrait de minimiser cette indifférence. En se revendiquant d'un lieu particulier, il est facile de décliner les différentes strates de solidarité qui pourraient alors s'effectuer, la famille, le clan, le quartier, le hameau, le bourg, le village, la communauté, l'agglomération, la circonscription, le département, la province, le pays... Chaque niveau se pare des compétences propres données par subsidiarité de l'échelon immédiatement inférieur.

Détruire la famille, c'est abonder la délinquance, l'errance, la fragilité, l'ignorance, l'aliénation, la précarisation, l'affaiblissement et la mélancolie du cœur. L'enracinement protège la famille et nous procure une identité biologique, familiale, spirituelle, territoriale et nationale. Les racines fortes et bien ancrées dans une terre identifiable apportent stabilité et assise. Elles permettent de se projeter vers l'avenir et nous donnent un cadre propice à l'expression de notre liberté et de la solidarité. Chacun en France devrait pouvoir se réclamer d'un lieu sur le territoire, un endroit légitimé par l'hérédité ou bien, pour ceux qui se sont assimilés, une terre d'adoption choisie d'un commun accord entre ses habitants et les nouveaux arrivants.

Comment tolérer qu'un tiers des familles monoparentales vive sous le seuil de pauvreté ? La famille durable doit être encouragée par une politique familiale universelle. La famille précarisée et fragile doit bénéficier d'une politique sociale adaptable avec un accompagnement individuel et personnalisé. La famille est le centre de toute action publique et de toute société. Elle est le noyau élémentaire et, à ce titre, il serait intolérable qu'elle subisse des attaques ou des dévaluations. Chaque homme a un droit fondamental : celui de s'épanouir auprès des siens dans un cadre où sont protégés et favorisés le bien commun et la dignité.

La famille s'allie avec d'autres familles d'une même terre. Elles forment une communauté. L'alliance de plusieurs d'entre-elles crée une autre collectivité en déléguant des compétences à ce nouvel échelon.

A chaque strate communautaire, les personnes qui la composent ont le devoir et le droit de participer à cette société avec l'objectif du bien-être de tous et du bien commun avec comme premier dessein l'aide et le secours aux personnes vulnérables et aux pauvres. Il est même indispensable que chaque membre d'une communauté participe aux institutions et à la vie commune sur un territoire donné.

La vie familiale est pourtant une entité fragile. Le monde extérieur soumet les personnes à de nombreuses sollicitations. Si les Français, dans leur grande majorité, plébiscitent la famille et la dote d'un projet familial qui projette celle-ci avec confiance vers l'avenir, en revanche, l'épanouissement personnel responsable ne peut se faire sans respecter la dignité humaine dans un cadre social privilégiant la confiance et l'amour. L'exclusion des plus faibles et des plus démunis est devenue une caractéristique du cadre de vie sociétal actuel. La souffrance de l'enfant dont les parents divorcent, de la mère contrainte de mettre fin à une grossesse, de la personne âgée qui envisage d'abréger sa vie par la pression extérieure de sa propre famille ou d'une société qui l'accuse d'être inutile ou trop coûteuse, et aussi de celui à qui l'on n'accorde pas le droit de connaître son père ou sa mère, amène inéluctablement un traumatisme psychologique, parfois caché, qui a des conséquences désastreuses dans une société qui induit ainsi des comportements mortifères et individualistes. Ces décisions intimes ne peuvent être prises par des individus extérieurs sans porter atteinte à la dignité humaine. Empêcher l'autre de décider sereinement sans lui laisser exercer librement sa conscience est un crime contre la dignité de la personne humaine, donc un crime contre la vérité et l'amour, donc un crime contre l'humanité.

SAUVEGARDER LA VIE TERRESTRE

L'atteinte à la vie est planétaire. Les espèces, animales ou végétales, disparaissent par la main de l'homme, victime lui-même de ses propres agissements et de son adhésion à une philosophie morbide dont le maître mot est la rentabilité immédiate au mépris du devenir de la création. L'économie mondialiste, le désir de puissance et l'aliénation de l'humain met en danger l'existence de celui-ci par l'inconséquence du pillage organisé des ressources et les rejets terrestres, maritimes et atmosphériques. Combinés à des périodes de froid ou de chaud dues aux phénomènes cycliques universels extérieurs à la Terre, les répercussions peuvent être dramatiques pour la survie de l'homme.

Les changements climatiques mettent en danger d'abord les plus vulnérables ; puis ce sera le tour des classes moyennes et intermédiaires. L'appauvrissement amène inéluctablement la disette, la famine, le malaise social puis la révolte.

L'évolution technique est un vecteur de progrès grâce auquel l'homme a allégé son travail et soulagé sa peine. Il lui permet de bénéficier de plus de temps pour sa famille, ses loisirs, les pratiques sportives et culturelles. Pourtant, en se développant, une partie du progrès scientifique et matériel asservit celui qu'il est censé aider. Elle lui apporte fatigue, dépendance et nuit à sa vie privée. Cette évolution s'exerce au détriment de l'épanouissement personnel et social. En changeant la condition humaine, une fraction du modernisme technologique sort de sa fonction initiale. Elle s'exerce au désavantage de celui qui en bénéficie. En modifiant notre environnement, elle nous oblige à nous rectifier nous-mêmes pour survivre.

Le confinement « épidémique » a amené (en masse) le télétravail à domicile. Afin de préserver la vie sociale et l'enrichissement des rencontres interhumaines, un raisonnement sensé s'avère indispensable pour adapter ce nouveau mode de labeur à l'homme. Il ne saurait être concevable que les nouvelles technologies amène l'esclavagisme de l'être humain. Certains employeurs pourraient être tentés de considérer que leurs collaborateurs peuvent être sollicités chez eux perpétuellement. Il est nécessaire de prendre en compte les avancées technologiques pour adapter le contexte professionnel afin que l'homme puisse continuer une vie sociale tournée vers le partage, le soin de l'autre, la famille, l'aide aux plus pauvres, les loisirs, le sport et la culture. En France, le transhumanisme équilibré et rationnel pourrait donner le signal d'un retour dans nos villes, petites et moyennes, villages et campagnes. Maîtrisé et raisonné, ce modernisme est un atout pour l'environnement. Il est un avenir radieux pour l'homme.

Les progrès scientifiques irréfléchis peuvent s'avérer dangereux pour les personnes. Caché derrière les améliorations qu'ils peuvent apporter, un système économique et marchand se met en place. Ce modernisme amène, à plus ou moins longue échéance, une idéologie qui fabrique des activistes et des fanatiques intolérants. Sans tenir compte des données morales et de la spécificité humaine, ils nous leurrent en exaltant de prétendus bienfaits apportés aux conditions de vie, à l'accès à l'impossible naturel, et mène inéluctablement au malheur individuel de nombreux laissés-pour-compte parmi nos frères humains. Le transhumanisme est un facteur accélérateur de l'inégalité entre les hommes. L'accès au progressisme technologique se traduit par l'accentuation des différences, en commençant, par la capacité financière de ceux qui veulent y accéder ou continuer à en profiter. En créant une dépendance, les nouvelles technologies, puis bientôt de nouveaux produits, réduiront en esclavage ceux qui veulent en bénéficier. Il faut prendre conscience que l'individu, pour maintenir sa place dans la société par rapport à ses semblables, n'en aura jamais assez, souhaitera toujours plus. Arrivé au maximum de ses possibilités financières, physiques ou intellectuelles, il sera confronté à la frustration de son incapacité à obtenir davantage et vivra un déclassement.

Le transhumanisme d'aujourd'hui se décline principalement en deux approches simultanées : la modification du monde extérieur et l'homme augmenté. L'une impose à l'autre une forme de course au « progrès ». En modifiant l'environnement, il devient nécessaire à la personne de s'adapter pour survivre. Ne plus avoir les moyens physiques, intellectuels ou financiers pour apprendre, s'adapter et se modifier mène à la disparition sociale puis physique de l'être humain. Sous le prétexte fallacieux, orgueilleux et mégalomane de la toute-puissance de quelques-uns de nos contemporains cupides et avides, l'harmonie environnementale de notre planète se déséquilibre. En refusant d'accepter la nature humaine avec sa beauté mais aussi son lot de laideur, les apprentis sorciers ont l'ambition de faire vivre l'homme dans un environnement contrefait et inadapté. Les augmentations sont affichées comme l'épanouissement de l'individu qui va accéder à une forme supérieure en étant capable de vivre dans un contexte artificiel créé de toute pièce.

Nous devons accepter l'être humain tel qu'il est. Certains seuils ne peuvent être franchis sans risque de porter atteinte à sa dignité. La finalité de la technique est d'aider et de servir l'être humain et non d'asservir l'homme. Aujourd'hui, le système de l'économie technologique enferme nos semblables dans un carcan intolérable où nos facultés naturelles sont inaptes à l'adaptation et l'épanouissement. L'homme se retrouve contraint de se transformer pour ne pas disparaître. Pour les grandes firmes, l'individu est un chantier : l'enfantement devient artificiel, le bébé sera génétiquement modifié, d'où le principe induit que le bébé naturel n'aura plus de raison d'être. Le marché de la procréation où le meurtre n'est pas condamnable se met en place. La bioéthique s'envisage sans limite, l'éthique interdit toute question morale, l'être humain se décline comme produit marchant ou variable d'ajustement. La société mute en avalisant un mode de fonctionnement qui donne une impression de liberté (à grand renfort de propagande et de communication) alors qu'elle détruit le lien social, l'amour familial, la culture, la solidarité et la transcendance. Pour en venir à ses fins, elle instrumentalise les souffrances et les émotions, bloque la réflexion par une pensée formatée et légalement encadrée. Sous prétexte d'utilitarisme, elle nous ôte toute réflexion en légalisant, en autorisant l'asservissement : le nouvel esclavagisme contemporain est en marche.

L'idéologie transhumaniste sert la mutation et présente « l'augmentation » humaine comme un moyen d'épanouissement individuel afin d'accéder à une forme supérieure. Le monde extérieur est modifié par la technologie pour bâtir un environnement adapté à l'homme transformé. Les détenteurs des nouveaux systèmes s'auto-complimentent « sauveurs de l'humanité » pour justifier leur puissance dominante et mettent en avant l'argument de l'inexorable évolution et le danger de disqualification de ceux qui n'adhèrent pas. Un milieu de vie artificiel se crée. Ce cadre inapproprié et décalé pour nos facultés naturelles entraîne un malaise existentiel chez la personne qui se déconnecte de la vie réelle. L'épanouissement qui transcende son cœur devient dépendant du matérialisme et s'assujettit à la possibilité de bénéficier des artifices et mirages modernes. Un choix s'impose donc à nos contemporains : celui de l'asservissement total en se livrant corps et esprit, perdant la liberté et le libre arbitre, au profit de grandes multinationales qui produiront des charges incontournables pour créer la dépendance, ou celui de nous accepter dans notre humanité en refusant de franchir la limite du point de non-retour. Cette possibilité se décline par une responsabilité en conscience : la souveraineté personnelle, la dignité humaine, la protection raisonnée de l'environnement, le dévouement pour les plus fragiles et l'ouverture à la transcendance.

BIEN COMMUN

Pour que chacun puisse s'épanouir, atteindre son potentiel personnel et se réaliser dans sa dignité humaine, il est nécessaire que les conditions sociales soient favorables. Celles-ci se définissent comme bien commun lorsqu'elles respectent l'homme et permettent aux personnes de vivre ensemble dans une société unie et régie autour de règles fondamentales raisonnées, fortifiées et garanties par l'autorité, comme le respect des personnes, de leur bien-être et du développement communautaire dans la sécurité et la paix.

L'unité et la sécurité sont les deux valeurs incontournables sans lesquelles il est impossible d'exercer le bien commun garant d'une société juste, équilibrée, harmonieuse et pacifique. L'autorité responsable et rassembleuse se soucie de l'unité de nos compatriotes, se préoccupe individuellement de chacun. Elle est essence et moteur de la société. Elle nous enracine et accompagne l'évolution. Sa charge est exercée en vérité dans une liberté de choix limitée entre le bien et... le bien.

Une société qui néglige le bien commun entre dans la spirale de la déliquescence, puis devient décadente avant de se dissoudre et de disparaître. Une communauté qui érode son bon sens perd le souci du bien commun à tous les niveaux : la famille, le village ou le quartier, le territoire, la province, le pays, les nations... L'individualisme est le premier des fléaux mortifères. L'égoïsme n'a pas de limite et nuit aux relations interpersonnelles ou intercommunautaires. En détruisant le souci de l'autre, le déséquilibre induit détruit l'harmonie, la paix et l'amour.

Ce qui constitue le bien commun est à la fois universel lorsqu'il s'agit de l'échelle planétaire, et spécifique à chaque civilisation. C'est une notion qui se décline par strates. D'abord notre planète, son écosystème, l'équilibre de ses ressources, notre environnement naturel pour naître, vivre et mourir. Ensuite, l'humanité, ses devoirs, ses droits et les règles fondamentales sociales qui sont le cadre philosophique de cet ouvrage : la dignité de l'être humain, le respect de la vie, la solidarité et l'égalité entre les hommes, la prédilection pour les pauvres, les handicapés, nos frères et sœurs humains dans la détresse, l'accès à la transcendance... Enfin, la spécificité inhérente et propre à chaque peuple avec ses racines, sa culture, son histoire, sa volonté de se projeter vers l'avenir pour continuer, en ce qui concerne la France, à contribuer à l'évolution de l'humanité vers un monde juste et vrai.

En France, la visualisation du bien commun est ancrée dans l'image du Roi (du père). Il est principe d'unité et de sécurité (par la durabilité des fondements de notre identité et de notre société). Il incarne ce qui nous rassemble. Le concept du bien est majeur car il détermine ce qui est bon pour tous sans négliger l'individu. Le principe étant qu'une personne, tout en gardant sa particularité, abandonne ses intérêts individuels au profit de la communauté nationale.

Les idéologies progressistes répugnantes et barbares du XXème siècle, le socialisme national et le communisme, ont dévoyé le bien commun en le détournant de son objet par la propagande. En son nom, elles ont asservi les individus, justifié des génocides et le terrorisme d'Etat, motivé des dizaines d'années de guerres pour des idéologies sectaires mortifères et fanatiques qui n'ont aucun rapport avec la notion du bien tel qu'il s'offre à nous dans les traditions de la France éternelle. La doctrine « convenue » des dirigeants des instances représentant la France, ou européennes et internationales, la mondialisation et le capitalisme libre-échangiste ne sont pas le bien commun d'aujourd'hui. Hors de ces affirmations de nos dirigeants souvent incrédules par rapport à ce qu'ils affirment, c'est surtout l'indifférence au bien commun qui est inquiétante pour l'avenir de la spécificité humaine dans sa dimension altruiste, solidaire et sociale.

Nous ne pouvons pas nous contenter de ces choix étriqués pour le définir. Le bien commun est indispensable pour être en société. Tout d'abord, la destination universelle des biens planétaires nous rassemble, en particulier l'écologie raisonnée et non pas fanatique. Les océans, les forêts, tous les écosystèmes naturels sont non seulement communs à l'humanité dans son intégralité mais à toute vie sur la Terre. La violence de certains de nos congénères, soi-disant pour leur conception écologique du quotidien, est contre-productive. Les intégristes de l'environnement, par des mesures de façade sans réelle approche environnementale, démolissent parfois la planète par leur précipitation fanatique sans évaluer les conséquences de leurs agissements. Une mesure d'apparence écologique par son efficacité visible immédiate, n'est pas toujours adaptée pour le long terme. Quel est le coût carbone d'une éolienne dont le seul mérite est l'affichage et la visibilité ?

La construction du générateur, le socle en béton de plusieurs tonnes et le recyclage des pales ne semblent pas anodins en termes d'impact sur l'environnement.

La mondialisation, sa géopolitique, ses échanges et ses techniques, par son accélération exponentielle, nous relient les uns aux autres. La prise de conscience fondamentale de notre globalité nous interpelle sur ce qui nous rassemble et donc sur la définition du bien commun. S'il est facile de s'accorder sur des « biens communs » communément admis comme éléments de l'environnement naturel, et à ce que cela induit en termes de préservation et d'équilibre, en revanche, lorsqu'il s'agit de l'homme, les paramètres sont enchevêtrés et les réponses multiples font appel à notre liberté de conscience avec cette question complexe de la rencontre entre le « bien » pour l'individu et le « bien » pour la communauté humaine.

Notre environnement proche, le lieu de vie, la famille, le travail, les loisirs et tout ce qui peut contribuer à l'épanouissement collectif ou individuel est la seconde approche du bien commun. Celui-ci est le bien de chaque personne, de tous et de chacun. Le rôle de l'Etat, au service du bien commun et de la société, a pour but de transcender l'individu par le groupe en l'accompagnant et en respectant la finalité de sa vie d'être humain. La vérité encadre la liberté par la conscience, qu'elle soit individuelle ou collective.

L'homme responsable pose des actes, en commençant par le choix électif de ses représentants au niveau territorial le plus approprié. Ceux-ci détermineront les règles et les compétences sans asservir la volonté de chacun au bien commun. Car le bien ne s'impose pas, ni à soi ni aux autres. Chacun exprime sa liberté par une acceptation libre. La vérité se révèle par la raison comme fruit d'une conscience morale et éclairée. Un consentement actif par adhésion permet à chacun de s'approprier le bien commun en le reconnaissant comme son bien. L'objectif à atteindre, fait l'objet de biens communs intermédiaires. Par la prise de responsabilité individuelle et collective, cette aventure humaine deviendra concrète. Parce que le bien commun est au service de la vie, toute loi lui est donc soumise.

Par la compréhension des règles qui protègent le bien commun, une personne obéit par bon sens à la loi et consent à la respecter. La contrainte raisonnée est acceptable. La liberté de conscience de chacun existe car les gouvernants n'ont pas de pouvoir sur la conscience individuelle même s'ils tentent par des intimidations d'enfermer l'individu dans le carcan d'une « conscience officielle » emprisonnée par le jugement extérieur, la pression sociétale et des doctrines sectaires de toutes sortes. Nul ne peut avoir de pouvoir sur une conscience sans l'asservir et la réduire en esclavage. L'homme doit se libérer de ses chaînes afin de sortir de lui-même pour, avec les autres, se fédérer dans une commune-unité, afin de converger, ensemble, vers le bien ultime qui garantit la vie, l'unité et la liberté.

Nos gouvernants font le mal. Sont-ils encore en capacité de cerner le bien ? Par leurs actions irresponsables mettant en œuvre, activement ou par couardise complice, la détestation de la France, ils ont révélé à nos compatriotes n'avoir pas pris conscience de la profondeur des valeurs éternelles de notre pays. En ce qui concerne la société, il s'agit en priorité du maintien équitable des revenus et des prix, de l'équilibre entre l'agriculture, l'industrie et les services, du redéploiement des services publics ou privés avec la prédilection pour la proximité, de la sécurité individuelle et collective, de l'accès aux soins, de la sauvegarde des libertés publiques… et surtout de préparer un avenir meilleur pour les générations futures. En aucun cas, l'avenir exclusif de quelques-uns, l'économie mondiale et la finance internationale sont les moteurs du bien commun même s'ils nous sont indispensables aujourd'hui. La vérité se résume à prendre soin de l'homme et des valeurs qui lui permettent de trouver sa grandeur et de s'accomplir dans ses deux dimensions : humaine et spirituelle.

Pour accueillir notre prochain et accepter ses particularités, il est nécessaire que la capacité relationnelle avec l'autre soit dénuée d'adversité, de manipulation et de violence. L'amour guide la compréhension qui permet de s'intégrer par la bienveillance dans la société puis d'assimiler la différence si elle est compatible avec les valeurs culturelles gréco-latines et judéo-chrétiennes éternelles de la communauté nationale. Le bien commun, au service de la dignité de chacun de la naissance à la mort, fonde l'éthique sociale. Par le don désintéressé, l'homme se découvre. Le bien commun a une fonction éducative, transcendantale et valorisante car il a aussi une dimension altruiste.

Deux facteurs d'unité permettent de se projeter au service d'autrui avec un désintéressement total : la sauvegarde de la planète et l'aide aux personnes dans la détresse en France et à travers le monde. La solidarité est un moteur du bien commun en favorisant l'unité face à l'adversité. C'est par amour que nous formerons une nation au XXIème siècle, par une mobilisation sans faille de nos cœurs au service de l'humanité.

Le bien commun s'exerce en respectant des droits fondamentaux : les droits de l'homme et ceux de la loi naturelle. Pour contribuer au bien social et à celui de la société, l'homme se les approprie par une participation active avec le vote et une implication bénévole active. Parce que chacun est concerné, la responsabilité personnelle ne se délègue pas, le compatriote, personne communautaire, participe au bien commun.

Dans la société Française, l'individualisme, est le vecteur destructeur du bien commun. L'oligarchie aristocratique prend l'ascendant sur la démocratie et le peuple se retrouve avec un choix imposé de dirigeants qui se préemptent les uns les autres avant de se soumettre aux suffrages. Les gouvernants, afin de se faire élire ou réélire, s'appuient sur les minorités actives individualistes qui, par leurs doctrines sectaires, imposent des règles contraires au bien commun et à la volonté populaire. En trompant le peuple par des choix et des votes incompatibles avec la volonté majoritaire et en trahissant les choix des Français à de nombreuses reprises, nos élus génèrent un tel dégoût que les citoyens ne se déplacent plus pour voter. Les oligarques incarnent le pouvoir des minorités égoïstes qui sont guidées par leur confort personnel au détriment des autres. L'insécurité, la sédition et le séparatisme se mettent en place inéluctablement.

La violence et le refus de se côtoyer se substituent au « vivre ensemble » et à la paix. La particularité actuelle est que les gouvernants nous croient naïfs et nous leurrent sciemment avec des vœux pieux comme « la France apaisée » alors qu'ils agissent dictatorialement par des actes contraires à l'intérêt de la paix et de l'unité nationale. Pour retrouver la France éternelle unie, forte, pacifiée, rayonnante et tournée vers nos frères humains tout en sauvant notre planète, il est nécessaire que le bien commun prenne toute sa place. Les pouvoirs démocratique et oligarchique doivent se rééquilibrer d'urgence : il faut donc un arbitre (chef de l'État) qui ne soit pas tributaire de ces deux pouvoirs et qui assure la juste répartition des compétences. La représentation de nos concitoyens doit s'exercer par une démocratie de proximité renforcée, la subsidiarité sera alors le fondement d'une société d'amour, de paix et d'harmonie. Les corps intermédiaires plus proches de la réalité quotidienne sont la clé de voûte d'une société fraternelle et libre. L'équilibratie au service du bien commun pour nos compatriotes trouvera sa légitimité et sa force par la subsidiarité.

SUBSIDIARITE

La famille, noyau originel de toute vie communautaire, ne peut à elle seule subvenir, dans une société humaine, aux besoins et à la protection de chacun de ses membres. Pour créer l'harmonie avec les autres familles et pour partager les tâches, droits, obligations et devoirs, en tenant compte des compétences et des talents de chacun, elle délègue certaines de ses responsabilités et attributions naturelles à des personnes mandatées. Celles-ci gèrent la solidarité et la mutualisation des moyens qui vont établir les fondements solidaires et collectifs du « bien commun » base de toute action publique. Par l'intermédiaire de personnes élues et qualifiées, choisies pour leurs savoir-faire, les familles opèrent un transfert de charges et de compétences. C'est une mutualisation de bon sens pour le bien de chacun et de tous. Cet échelon d'intermédiation pérennise les attributions et les contraintes qu'il renvoie à ceux qui l'ont créé. Il regroupe plusieurs entités et ne peut se prévaloir que du domaine dans lequel il a reçu une habilitation. Le secteur de compétence et les limites de celui-ci sont impératifs. La subsidiarité s'exerce dans la proximité des individus et des familles auxquelles elle s'adresse. Elle se conçoit comme entité particulière qui met en commun plusieurs autres entités.

L'échelon qui regroupe les familles est le quartier ou le village. Les personnes qui s'y croisent, s'y rencontrent et partagent ce même lieu, ont intérêt à sauvegarder ou créer des conditions de vie commune adaptées aux spécificités historiques, géographiques et environnementales du lieu. Elles peuvent ainsi s'épanouir pour vivre la plénitude de la dignité humaine, la préservation de la famille, le partage des contraintes et des structures pour le bien de tous, éducatives, culturelles, sportives et de loisirs. L'échelon suivant, ville ou communauté de villages, va entraîner un accès facilité aux besoins et aux contraintes. Elle met en place les moyens de communication et la gestion des services collectifs de proximité. Les opérations qui peuvent être accomplies efficacement par l'échelon subalterne (proche de la réalité quotidienne) ne sauraient être dévolues à un autre degré. Le niveau de la commune, de l'arrondissement ou de la ville se caractérise dans sa gestion par l'entrée des corps intermédiaires.

Ceux-ci ont une triple utilité. D'abord, créer un équilibre au sein même de la gouvernance locale, ce qui évite toute oligarchie hégémonique de quelques-uns pour eux-mêmes et la cooptation qui confisque durablement le pouvoir. Ensuite, accompagner et entendre les phénomènes sociaux par des personnes qui sont l'émanation de la société réelle dans le cadre d'une représentation collective ciblée. Enfin, assurer une protection permettant à l'individu de cerner la dimension collective de son épanouissement existentiel.

Ces corps médians sont intégrés et participent à la prise de décision de l'exécutif local. Ils sont garants de la justice sociale et représentent par leur vocation, des lieux d'humanisation : le premier d'entre eux est celui de la famille, le deuxième, le monde du travail et de l'économie, et le troisième, la communauté politique qui gère l'environnement dans les limites de sa compétence géographique. Ces entités sont complémentaires et doivent s'accorder pour le bien commun de ceux dont ils assurent le service et la charge. Leur mode de représentation se scinde en quatre collèges :

- un collège des conseillers locaux,

- un collège des employeurs, professions libérales et indépendants,

- un collège des employés et des ouvriers,

-       un collège des familles et des associations culturelles, sportives et de loisirs au service de tous.

Les spécificités particulières deviennent ainsi l'affaire de tous par l'appropriation collective des problèmes particuliers et caractéristiques de chaque entité.

L'échelon supérieur se définit comme territoire (trois à six par département). Les compétences ne peuvent se partager entre plusieurs strates. Celui qui délègue n'est plus qualifié dans la délégation donnée. La rétrocession de délégation fait l'objet d'une procédure spécifique nécessitant un accord juste de toutes les parties concernées. Ce qui peut être accompli par l'échelon subalterne doit être rétrocédé.

Pour garantir l'autonomie politique de la démocratie locale, l'engagement politique de nos compatriotes et les libertés publiques, le maire n'est plus soumis à l'État par un lien hiérarchique. L'autorité délivre une franchise communale d'autonomie déterminant (avec une concertation préalable) les compétences pour les actions en faveur de la famille, du logement, du développement économique local, de l'urbanisme... et la gestion courante du secteur géographique de la collectivité.

La gouvernance s'exerce durablement et sereinement si des limites sont posées. Celles-ci empêchent des décisions exorbitantes ou contraires à l'intérêt ou l'unité de la nation. La subsidiarité se déploie avec l'accompagnement d'une autorité de contrôle et de régulation strictement indépendante au niveau du territoire. Ce responsable qui personnifie le lieu géographique n'a pas d'habilitation décisionnaire dans les domaines de compétences des communautés locales. Il est l'émanation directe et le représentant de l'autorité de la France. A ce titre, il exerce une prééminence hiérarchique et une responsabilité sur la justice, les militaires, l'accompagnement social des détresses humaines, l'instruction publique et l'aménagement du territoire en concertation avec la population locale et ses représentants. Les affaires publiques concernant la gestion et la régulation culturelle, sportive et de loisirs d'intérêt territorial se développent dans un domaine de compétence partagé au niveau territorial. Il établit, conjointement et en accord avec les représentants territoriaux l'aménagement, le développement stratégique et les grandes orientations. Les élus ont en charge l'exécutif territorial. Le département et la province (qui regroupe un ou plusieurs départements selon l'identité locale) sont des échelons territoriaux. L'Etat est l'ultime échelon. La délégation de pouvoir à chaque niveau par le vote crée le fondement même de la démocratie.

Il existe une limite à la gouvernance. La subsidiarité s'envisage avec le contrôle d'une autorité qui vérifie la bonne intelligence des choix et des décisions selon des critères admis par tous. Elle est encadrée par le pouvoir régalien qui veille afin qu'un gouvernement oppressif ne viole pas la subsidiarité. Sortir de la pauvreté est la priorité et chaque territoire, à part égale, participe au relèvement individuel des Français touchés par ce fléau. La sauvegarde de l'environnement s'approche par l'adhésion de la population locale à une stratégie territoriale de bon sens et raisonnée.

En plus de la famille, du travail et de la vie en société, le dernier lieu d'humanisation est la paix. Elle permet la sérénité pour s'épanouir et pour réaliser une société juste, équilibrée et fondée sur les valeurs philosophiques fondatrices de la France éternelle. Sans sécurité, nous vivons dans la crainte et la peur. Si la police et la justice de proximité sont les deux vecteurs indispensables pour créer l'harmonie et la sérénité quotidienne du territoire, elles ne peuvent en revanche être les seuls moyens de paix. L'apprentissage des règles pour vivre ensemble, l'instruction de la langue Française avec la richesse de son vocabulaire pour communiquer et dialoguer, la vie dans des conditions décentes et respectueuses de la dignité du genre humain, sont indispensables au développement cohérent, sage et équilibré de nos compatriotes. Le responsable territorial est le garant naturel, sous l'autorité nationale, de la paix sur son lieu géographique de compétence.

La subsidiarité, c'est rendre le pouvoir confisqué par les oligarques à nos concitoyens. La protection des privilèges de quelques-uns, la cooptation des élites, l'abandon, la braderie où le trafic du patrimoine industriel Français conforte la défiance de nos compatriotes envers la gouvernance politique. Le peuple doit retrouver la souveraineté qui lui a été confisquée. La consultation populaire directe, les corps intermédiaires réhabilités et pleinement acteurs du quotidien, l'autorité régalienne, sont les moyens pour créer un État au service de la France et des Français.

SOLIDARITE

La famille humaine n'a pas de frontière et, quels que soient nos sœurs et nos frères en humanité, nous avons un devoir de solidarité les uns envers les autres.

Sur la planète Terre dans son ensemble limité par son périmètre clos, la nature, le vivant végétal, animal et les hommes sont interdépendants. La vie partagée en ce lieu fini impose l'élaboration de principes généraux pour promouvoir et défendre ce bien commun. Une coopération fraternelle responsable conduit d'abord le groupe de proximité à aider individuellement les personnes, dans la détresse ou le besoin, avant de s'occuper des individus des autres groupes humains. Ensuite, elle guide le développement global afin de contribuer à accroître la justice sociale dans chaque entité, pour universellement se diriger vers une des finalités suprêmes : faire décroître les inégalités par un engagement collectif sans faille aboutissant à une élévation commune. Enfin, nous devons faire prospérer le patrimoine commun, c'est-à-dire veiller à la bonne gouvernance de notre environnement naturel en régulant l'activité humaine, et à la protection de la création que nous avons reçue en héritage en respectant sa diversité dans un cycle vertueux qui tende vers l'équilibre universel et le zéro déchet.

La prédilection pour les pauvres et les personnes vulnérables est le premier volet de la solidarité. Cette exigence appelle à développer trois facteurs concomitants : celui qui ne laisse pas quelqu'un sans toit, qui lui donne donc une terre en partage, celui qui offre dans une société équilibrée les moyens de vivre dignement, en favorisant l'accès à un travail respectant la dignité du genre humain et ménageant des temps pour le plaisir de l'esprit, du partage et du corps... et surtout celui de la liberté raisonnable d'un métier, d'une tâche procurant à la fois un sentiment d'utilité, dispensant du plaisir à l'ouvrage et allouant une richesse proportionnée et rationnelle, d'un pouvoir mesuré pour chacun selon ses mérites en garantissant l'équilibre indispensable à l'adhésion individuelle et collective. Cet accompagnement est un retour à la liberté qui s'envisage judicieusement par la contribution active de la gouvernance de proximité certifiée par une autorité de contrôle qui partage la vie de ses concitoyens.

Il n'y a pas de don sans un juste retour. Tout ce qui est gratuit n'a pas de valeur. Par respect envers nos semblables, sortons de l'assistanat (les droits impliquent des devoirs) qui est une forme de mépris condescendant. Si la France donne, elle doit recevoir en retour. La rémunération d'un travail effectif est la condition valorisante indispensable pour que nos compatriotes sortent de la pauvreté. La solidarité s'envisage par la contribution rémunérée à l'œuvre commune ou dans le labeur d'utilité publique par la destination, le service ou la production d'intérêt général.

La finalité de cette organisation solidaire, au service de nos compatriotes, leur permet de se projeter au cœur d'une société où il n'y a ni puissant, ni opprimé, ni pauvre, ni riche, mais des personnes ayant une situation méritée par leur investissement propre ou par celui de ceux qui les ont précédés. Il est indispensable pour la bonne marche d'une société responsable que le moteur soit l'avenir commun et celui de ses enfants... de sa descendance. Par l'enracinement dans la civilisation du lieu de vie, par la filiation, l'adoption ou l'appropriation des us et coutumes, nos compatriotes possèdent les codes pour se projeter ensemble dans les temps futurs. Chaque société, afin de fonctionner durablement, doit prétendre à plusieurs niveaux d'investissement. C'est par la subsidiarité que l'on gère d'une manière optimale l'humanité. Grâce à elle, les démunis vont sortir de la misère.

En se servant des leviers de proximité avec réflexion et clairvoyance, le principe familial va permettre de créer une société de solidarité, de justice, et du bonheur… ainsi la France guidera par son exemple les autres peuples pour qu'avec sagesse, ils adaptent à leur population des principes simples d'amour et de partage pour une humanité bienveillante.

Le bien commun de la société exige que tout être humain qui y participe ait une protection et une contribution minimales pour partager sa vie avec ses congénères. En prenant une place dans la collectivité, l'homme peut évoluer et s'épanouir. Lorsque le bien commun est premier, la protection porte sur les plus fragiles. La prédilection pour les plus pauvres apporte l'harmonie à la communauté. La justice sociale est là pour y contribuer et réguler un juste équilibre. La finalité du développement des uns ne saurait s'exercer au détriment des autres.

En s'affirmant comme nation indépendante, la France peut exercer sa solidarité. Le renoncement à la souveraineté impliquerait sa disparition comme pays, détruirait sa particularité culturelle et civilisationnelle, la richesse de sa spécificité, et surtout tuerait son âme qui a tant contribué à l'évolution de l'humanité. Son autonomie prend sa substance dans l'affirmation de la subsidiarité de la plus petite communauté de proximité jusqu'au pays dans son intégralité. La responsabilité déléguée prend son essence dans la famille puis par l'agrégation de plusieurs d'entre elles qui forment un groupe. Le regroupement crée une entité plus importante… L'indépendance de la France est la garantie de sa liberté d'exercice de la priorité de sa vocation sociale et solidaire envers l'intégralité de nos compatriotes.

L'activité sociale efficace commence à l'échelon le plus approprié - le territoire - pour mettre en œuvre une solidarité fraternelle qui s'exerce impérativement au meilleur niveau d'accompagnement, responsable et bienveillant.

Le suivi temporaire œuvre activement à la création d'une place réelle dans la société de vie pour un bénéficiaire individuel ou au retour à la normale dans une situation de crise collective. La France ainsi projettera sa vocation humaine d'humanité…

Une famille ne peut faire abstraction du quartier ou du village. De la même façon, la France doit tenir compte de l'extérieur. Elle a vocation par sa situation géographique à s'intéresser à ses voisins proches européens, ainsi qu'aux évolutions internationales politiques et économiques. L'affirmation de la souveraineté et la préservation des intérêts de la France permet de s'impliquer activement et d'appuyer une collaboration juste et sincère avec les pays tiers. Le repli sur soi est inenvisageable car il implique le renoncement à l'ouverture à l'autre. Le nationalisme amène l'exclusion, l'enfermement, la radicalité, et sert de terreau à toutes formes de guerres et de conflits. Le mondialisme impose une dilution forcée par une oligarchie esclavagiste au profit d'intérêts supranationaux et d'une rentabilité libre-échangiste dérégulée. Les intérêts particuliers de quelques entreprises et individus l'emportent sur le bien commun et le peuple perd son expression démocratique sur l'autel de l'uniformité et de la dictature de la pensée et de l'économie globale. La France éternelle ne se reconnaît dans aucune de ces entités. Elle se retrouve dans le patriotisme, qui prône l'image du père, d'une autorité bienveillante, régulatrice, juste et protectrice, accompagnant l'épanouissement individuel et collectif par la modération, la conciliation et l'arbitrage affectueux. Car il s'agit d'amour. Le profit, l'ingérence gouvernementale dans les vies de nos compatriotes, l'intransigeance internationale normative, parfois punitive ne sauraient contraindre les Français contre leurs valeurs et aspirations légitimes.

La France prône l'amour, la sagesse, la justice et la paix. Cette spécificité particulière, nos compatriotes la revendiquent et le XXIème siècle n'existera tout simplement plus si nous ne nous rassemblons pas pour défendre cet aspect d'exception qui fera rayonner notre pays à travers le monde. La mobilisation de chacun et de tous pour un objectif commun recréera l'unité qui fait cette caractéristique originale d'une solidarité active et transcendante.

Pour de bons rapports entre Etats, il est nécessaire de traiter d'égal à égal, de s'ouvrir à l'autre, de le gratifier d'une solidarité sincère et bienveillante. Les partenariats naturels, coopérations et alliances, partagés avec d'autres peuples, ne sauraient être négligés ou occultés même si certains de nos voisins européens n'épousent pas nos liens amicaux avec nos partenaires historiques. La France ne peut être soumise à une contrainte sans qu'elle ne l'ait librement consentie. Le principe de sa souveraineté se traduit par l'inaliénabilité du droit à la rétrocession à l'autorité et au pouvoir Français ; il garantit ainsi le particularisme de notre pays. Aucun accord ou traité n'est irréversible. Afin de restaurer l'autonomie

Française, il est indispensable que tout ce qui contribue à l'indépendance stratégique, la justice, la sécurité et la diplomatie ne puisse être délégué à un tiers, qu'il s'agisse d'un pays, d'une communauté ou d'une union. Par la subsidiarité, l'organisation territoriale est le maillon fort de la France. Un Etat ne peut être puissant que si son organisation est centrée sur le bien commun du peuple, par le peuple, pour le peuple, gérée avec bon sens par un arbitre bienveillant, juste, insubordonné à toute velléité partisane et porteur de l'unité Française.

L'Europe et la francophonie sont nos espaces naturels de solidarité et de partenariat. La violence des sanctions de l'Union européenne contre des Etats membres est scandaleuse et révoltante. Le respect est la règle d'or pour une coopération constructive. L'humiliation, la contrainte, le châtiment, le mépris ne sauraient être acceptés ou soutenus par la France. Il faut redéfinir les politiques communes comme voie à suivre. Les instances européennes ont pour vocation de mettre en œuvre les directives des Etats et ne sauraient leur imposer des contraintes. Il ne saurait être question de commercer avec des nations dont les travailleurs s'apparentent plus à des esclaves qu'à des hommes libres. L'économie est au service du bien commun et du bien-être de chacun.

La francophonie est un espace solidaire de présence culturelle, de formation des élites et de coopération privilégiée par des alliances économiques bilatérales ou multilatérales. Le patrimoine linguistique est un don, celui d'un héritage et d'un partage offert par notre pays à ceux qui l'aiment. Le développement de lieux de savoir et de culture dans l'espace de la francophonie est un devoir pour aider les peuples coopérants. L'autonomie induite par la coopération leur permettra d'acquérir la prospérité.

Les investissements pour la réussite des pays émergents et la coopération militaire sont les axes pour favoriser un lien durable et raisonné. La solidarité s'exerce par le don de savoir-faire et l'accompagnement universitaire, industriel et artisanal sur place, ce qui exclut toute fuite des esprits et de la main d'œuvre au détriment du pays d'origine. La règle est d'être heureux chez soi.

Favoriser la migration est un crime contre l'humanité, une humiliation infamante envers le pays d'origine... Un mineur isolé est d'abord un enfant fugueur et le rôle de tout adulte responsable est de le rendre à ses parents. C'est un crime de le laisser désœuvré dans un pays qui n'est pas le sien. De quel droit peut-on estimer qu'il est mieux ailleurs que chez lui, sans condescendance, racisme ou mépris envers l'Etat dont il est originaire ? Il vaut mieux être malheureux chez soi, en connaissant les règles, les us et coutumes, que malheureux chez l'autre, avec un sentiment d'insécurité lié à un environnement dépaysant, dangereux et menaçant avec des codes de vie incompréhensibles pour le néophyte.

L'unité nationale, appartenir à une patrie, se conçoit aux côtés de celui qui incarne, par sa fonction, la souveraineté. Son autorité régule et harmonise les rapports humains. Son rôle, comme celui d'un père, est de créer une osmose familiale, une harmonie partagée, une solidarité face à l'adversité. Il est le catalyseur fédérateur de nos compatriotes. Pour unir les Français, l'idéal n'est pas de créer un front contre quelqu'un ou quelque chose, comme cela se ferait par nécessité lors d'une guerre, ou d'une manière sectaire et partisane avec une logique de « front républicain » diviseur et excluant une partie de nos concitoyens. Disloquer ou désagréger la cohérence du peuple en poussant des pans entiers de la population à s'affronter est indigne et mortifère pour la France.

L'unité nationale fédératrice responsable et de bon sens est une offre d'amour. Elle prend racine dans les mérites de la France éternelle, celle qui place au plus haut de nos valeurs, la solidarité, la justice, la paix et l'altruisme. L'osmose s'agrège derrière un projet. La synergie active bienveillante et fraternelle, afin d'unir les français, ne peut se concevoir que sous deux angles complémentaires : d'une part, le don de nos concitoyens par l'action face à la misère ou la détresse humaine y compris pour les peuples extérieurs, et d'autre part le don actif et physique de nos concitoyens par l'implication altruiste de la France contre l'adversité des catastrophes naturelles ou accidentelles en contribuant par l'excellence des secours adaptés. Se donner sans compter par amour de l'humanité est le véritable enjeu de la vie commune et de l'aspiration collective donnée par la transcendance. Sans attendre, nous devons mettre en place des structures raisonnées afin d'opérer en France pour sortir de la pauvreté nos compatriotes les plus faibles et les plus fragiles. Nous devons créer des structures organisées pour porter secours aux Français face aux catastrophes naturelles, aux accidents industriels ou aux fléaux dus à l'inconséquence humaine.

Le rôle d'anticipation stratégique de l'État est premier. Les plaies naturelles ou induites par l'homme sont d'autant plus violentes qu'elles sont difficilement détectables. Le devoir de prévoyance est primordial car nous avons plusieurs fois par an des catastrophes naturelles (inondations, possibilités de tremblement de terre, feux de forêt, éruptions volcaniques, cyclones et tempêtes...) et d'origine humaine (pollutions terrestre, maritime ou spatiale notamment). Chaque situation doit faire l'objet d'une anticipation stratégique raisonnée et d'une préparation opérationnelle fiable pour réagir avec un maximum d'efficacité. Préparons une logistique mobile et réactive des secours intra France (au niveau national de la France, tant métropolitaine que d'outre-mer) en cas de drame. Préparons-nous aussi aux épidémies de toutes sortes, aux intoxications de masse... Le propre de l'homme, c'est la solidarité.

Tout ce qui porte atteinte naturellement, accidentellement ou relevant d'une volonté de nuire est ennemi.

Qu'il s'agisse d'un ennemi intérieur ou d'un ennemi extérieur, c'est notre rôle de faire face à l'adversaire. La France est solidaire et bienveillante à l'intérieur, salvatrice et rayonnante à l'extérieur. Contrairement à la division créée par nos dirigeants, il est possible, souhaitable et réaliste d'unir nos compatriotes grâce à un objectif commun qui transcende les citoyens, leur procure honneur et grandeur, les fédère par une volonté de partage d'un destin universel au service de l'humanité. La création d'unités de volontaires, de personnes en rédemption ou de citoyens en phase de resocialisation est le moyen d'exercer une solidarité active en leur dispensant une formation adaptée à la lutte contre différents types de fléaux. Leurs interventions de secours en France et dans les pays tiers seront en outre valorisantes pour ceux qui y participeront. La France retrouvera ainsi une place exemplaire parmi les nations.

UNE PROJECTION D'AVENIR

Cet ensemble de réflexions sur le rôle social, culturel, politique et transcendantal des Français et de la France est inscrit dans nos racines. S'occuper du bien-être des autres avec leur consentement, leur apporter les moyens de vivre avec dignité, défendre la vie et la famille, protéger nos proches par le juste niveau de proximité afin de bénéficier d'une existence collective apaisée, apportant protection, quiétude et sérénité, telle est notre vocation universelle. La paix, la liberté et la justice sont les moyens d'y parvenir. L'instruction, le logement, le labeur et les plaisirs physiques et intellectuels, qu'ils soient par les loisirs, le sport ou le partage, apportent en grande partie des solutions au relèvement de notre pays.

L'espoir n'est pas un vain mot. La fatalité n'existe pas pour les audacieux. Nous devons nous atteler à forger une conception collective à mettre en œuvre pour faire rayonner la France du XXIème siècle. Cet ouvrage pose les fondements d'une vision d'avenir cohérente, respectueuse et altruiste.

La paix refuse la querelle, le sectarisme et les intentions partisanes. L'anticipation face aux velléités de discorde, intérieures ou extérieures, par une préparation sereine et proportionnée, est seule garante d'une puissance dissuasive annihilant toute action hostile dans une société apaisée. Par une juste place pour chacun et pour tous, l'œuvre collective au service de la paix et du bien commun permettra à nos compatriotes de s'élever ensemble sans laisser l'un d'entre eux sur le bas-côté du chemin. Chaque génération, par son implication, garantit la sérénité, la sagesse et la sécurité à la population future.

La liberté, c'est le choix entre le bien et le mal défini par la culture et les règles communes déterminées par le bien commun. La réflexion, l'implication et l'action sont les étapes menant à une subsidiarité émancipatrice et constructive d'une proximité juste et adaptée. Par sa situation, proche de nos compatriotes, elle abolit toute tendance dictatoriale ou volonté hégémonique extérieure. La liberté, au contact des administrés, est la réponse adéquate à la vie quotidienne.

La justice ne peut être garantie que si elle est indépendante. La justice n'est pas l'égalité ; elle trouve son fondement et sa grandeur dans l'équité et la magnanimité.

La solidarité, quelle que soit sa forme, n'est pas exempte de conséquences. Il est impensable d'être indifférent à son compatriote. Nous sommes liés les uns et les autres par un partage de vie, les uns aux autres dans le bien et dans le mal. Ne pas respecter ou ne pas participer selon ses facultés à l'entraide fraternelle nous déshumanise. La prédilection pour les plus fragiles d'entre nous crée, en nous mobilisant, une cohésion et donne du sens à l'existence. L'adversité suscite notre réflexion, remet en question nos certitudes. L'intérêt pour l'autre se concrétise par l'implication sociale et la participation politique. L'indifférence pour autrui nous éloigne de la vérité car placer l'intérêt individuel ou financier au cœur de l'action est le pire du désintérêt de ses semblables. Si nous ne pouvons pas accueillir toute la misère de ce monde, nous pouvons en revanche contribuer à l'amélioration de la condition humaine à travers la planète. Il faut remettre à sa juste place notre société, et vivre en refusant d'être complice des Etats esclavagistes qui bénéficient du libre-échange mondial et exploitent leur population pour nous vendre des produits à bas coût. L'économie mondialiste actuelle favorise l'oppression et la servitude. D'un autre côté, un pays fermé sur lui-même se paupérise et réduit son évolution. La coopération est un facteur de progrès si elle est juste, sincère et équitable. Comme pour la structure politique où l'équilibratie est la seule solution viable pour ne pas sombrer dans les excès, l'économie doit de la même manière trouver son équilibre. Nous le ferons avec nos partenaires historiques ou européens.

S'EN SORTIR

<u>Sortir de la pauvreté</u> par l'accueil de notre compatriote miséreux dans son territoire Français, d'origine ou d'adoption, afin que l'autorité du lieu puisse faire exercer pleinement la solidarité territoriale.

Dans un premier temps, il s'agit d'un accompagnement actif en matière de santé, de confort minimal et de retour au travail ; et dans un deuxième temps de rétablir un pouvoir d'achat décent, avec la possibilité d'assumer l'accès à un toit, l'achat de denrées pour déjeuner ou se vêtir, le pouvoir de se donner la possibilité d'atteindre le bien-être par l'ouverture à l'autre. Aboutissons à un salaire juste… en donnant une sécurité. La fin de la précarité passe par la fin de la dégradation du pouvoir d'achat. Les produits vitaux de la vie courante, stratégiques et donc de fabrication Française, doivent bénéficier d'une TVA réduite.

Treize millions de personnes vivant en France sous le seuil de pauvreté ne sont pas une fatalité : c'est l'œuvre de nos dirigeants qui, depuis plusieurs dizaines d'années, appauvrissent nos concitoyens par des choix mortifères et injustes pour la population en termes d'économie, d'industrie, d'environnement, d'accès aux soins, de bafouement de nos droits et nos libertés publiques. Diminuer le nombre de nos compatriotes qui souffrent de la pauvreté par cinq en trois ans est faisable en territorialisant. Avec 500 territoires en France, métropole et outre-mer, et avec l'aide et le secours de l'autorité commune dont la prédilection pour les plus démunis est une priorité historique, nous devons nous mobiliser. Les lois doivent être adoptées dans le sens de la méritocratie. Le sens des lois ne doit pas être détourné par certains qui en profiteraient ou en abuseraient au détriment des honnêtes gens et des plus faibles. La subsidiarité et les territoires à taille humaine sont les clés d'une véritable démocratie au service du bien commun.

<u>Sortir de la violence, de la délinquance et de la « récidive potentielle »</u> par la tolérance zéro, l'éducation, et la réinsertion par l'effort. Les dizaines de lois votées en France donnent l'illusion d'une répression sans cesse accrue mais n'améliorent pas la sécurité. La loi sans application sur le terrain et sans sanction effective ne sert à rien. Il est temps d'agir...

À court terme d'abord, par une punition systématique et immédiate. Toute atteinte physique, morale ou verbale, au détenteur d'une autorité et dans le cadre de ses fonctions, est un délit. Tout manquement est puni par la loi. Chaque peine est prononcée dans un délai raisonnable et l'application s'effectue soit en milieu carcéral soit par une punition de substitution. Les délits des mineurs font l'objet d'une condamnation à un travail d'intérêt public dans le territoire qui inclut leur domicile. Ceux-ci sont mis en apprentissage puis à l'ouvrage avec privation de liberté (couvre-feu individuel le soir). Le nettoyage des locaux publics, de la voirie ou l'entretien des espaces verts sont privilégiés. En cas de manquement, ils sont accueillis en milieu fermé. Les Français majeurs délinquants de moins de 28 ans doivent faire un service national dans des unités disciplinaires d'urgence qui leur donnent une formation et les mobilisent pour des actions d'utilité nationale au service du bien commun et de la population en détresse en France et dans le monde. Les Français délinquants de plus de 28 ans travaillent dans une manufacture d'État en milieu fermé. En cas de refus, d'indiscipline ou de rébellion, ils sont déterritorialisés. En ce qui concerne les étrangers en situation régulière et auteurs de délits, le retour immédiat dans le pays de nationalité s'impose avec interdiction de séjour, temporaire ou non, en France.

Une escale dans un lieu privatif de liberté est subordonnée au travail effectif de celui qui purge une peine. Les châtiments accompagnés et tuteurés créent une véritable réinsertion par un labeur d'utilité publique, stratégique donc non soumis à concurrence. Afin qu'il apprenne la juste rémunération du travail, le délinquant perçoit le salaire minimum avec le retrait d'un tiers de celui-ci pour la contribution au logement et aux repas. Un autre tiers est prélevé pour payer les amendes et les dommages aux victimes. A la fin des versements déterminés par la justice, la caisse de compensation et d'indemnisation des victimes prend le relais des prélèvements jusqu'à la fin de la peine. Le dernier tiers sert aux dépenses personnelles, au paiement de la mutuelle santé ou au versement des pensions familiales des parents du 1er degré vivant en France.

A moyen terme ensuite, par l'apprentissage des règles communes obligatoires, des traditions et du droit Français, sur le territoire national, car ces règles communes ont une valeur supérieure à toute autre forme de droits, qu'ils soient internationaux ou religieux. L'assimilation ou l'insertion sont guidées par les codes culturels Français du savoir-vivre, de la bonne éducation et de la tenue correcte qui sied en France, en particulier la tenue vestimentaire, et notamment à l'école, pour les élèves comme pour les enseignants. Le refus d'assimilation s'exerce, avec bienveillance, par le retour effectif ou la migration vers le pays le mieux adapté à l'épanouissement conforme aux mœurs et coutumes souhaitées par l'individu. Le séparatisme ne peut perdurer dans nos territoires. L'accent est mis sur le travail, l'apprentissage des règles, des valeurs culturelles éternelles de la France pour une réinsertion ou une assimilation durable et librement consentie par... le dialogue, l'instruction et l'effort.

A long terme enfin, par l'instruction publique, en particulier les écoles primaires, les conservatoires de proximités et les ateliers de culture, d'art, de sport et loisirs. Des uniformes scolaires sont obligatoires pour amoindrir les inégalités et intégrer les enfants par une identité commune. Les fondamentaux de la morale, c'est-à-dire du bien et du mal, donc de la vérité, sont enseignés dans les classes. Le refus des codes vestimentaires Français par les parents est un rejet d'assimilation, voire un délit de rébellion contre la France. Toute attaque ou menace physique, verbale ou psychologique de l'autorité scolaire primaire dans l'exercice de ses fonctions de la part d'un adulte est une atteinte grave à personne dépositaire de l'autorité publique. L'école a le devoir d'instruire par l'apprentissage de la lecture et de l'écriture du Français, du calcul (le « LEC » de lire-écrire-compter, bien connu sous d'autres latitudes), de l'histoire, de la géographie et du milieu naturel du territoire et de la France. Le passage en collège est subordonné à l'obtention d'un certificat de réussite primaire. L'examen est commun, anonyme et national. Le vocabulaire et l'expression orale et écrite sont les meilleurs moyens de s'exprimer, donc de lutter contre la violence. L'accès à la nationalité Française est assujetti à l'obtention, en langue Française, d'un diplôme Français.

<u>Sortir de l'ignorance et de la médiocrité</u>. Le savoir n'est pas prétentieux. La curiosité de notre jeunesse est la preuve de son intelligence, et l'exigence la fait grandir. L'enjeu est de donner le meilleur de soi-même, ce n'est pas d'être le meilleur. Chacun a une place dans notre pays pour s'épanouir. La culture générale n'est pas une fin en soi, mais une ouverture d'esprit pour trouver une voie adaptée pour s'épanouir pleinement dans la société.

L'école de France est le meilleur moyen d'y parvenir avec de vrais outils pédagogiques afin qu'elle sorte du carcan idéologique doctrinaire qui culpabilise et accuse de tous les maux de la Terre nos compatriotes. Quelques intellectuels suicidaires, imbus d'eux-mêmes, fanatiques, doctrinaires et ignorants veulent la disparition de « l'Occident » sous le prétexte fallacieux que celui-ci a répandu le malheur dans le monde. Ils s'évertuent à dissoudre la culture européenne et les Européens dans une masse de différents critères qu'ils posent comme prioritaires pour refuser toute intégration et toute assimilation. Ils rejettent l'universalisme laïc Français en vénérant la race, le genre, l'origine et l'islam. Par l'amalgame de tous les maux de la Terre, ils diabolisent notre pays et sa population. Ces traîtres infâmes et menteurs (car ils falsifient la vérité historique) ont saccagé l'école pour qu'elle ne transmette plus les savoirs, qu'elle désapprenne leurs racines aux enfants de France. Ils ont créé une école de la médiocrité méprisante pour ses élèves. L'école de l'excellence et du dépassement de soi doit retrouver ses lettres de noblesse, déterrer la culture du travail, ranimer la curiosité d'appartenir à un peuple original, créateur et sage, ressusciter le savoir et la transmission. Comment se projeter dans l'avenir et savoir où se diriger lorsque l'on ne sait pas d'où l'on vient ?

L'école primaire doit retrouver ses fondamentaux avec l'enjeu de savoir lire, écrire et compter (« LEC ») lors de l'entrée au collège. L'histoire, la géographie et l'environnement naturel de la France et du territoire de vie, ainsi que les règles communes et éducatives Françaises sont les autres matières enseignées. Un examen écrit, anonyme et national est nécessaire pour l'entrée au collège. En cas d'échec, une session de rattrapage est prévue. L'échec du rattrapage amène le redoublement et un nouvel insuccès l'année suivante conduit en cours complémentaire. Toutes les filières éducatives et professionnelles territoriales sont découvertes à l'école primaire et favorisées. L'accès à une matière ou cours des conservatoires d'art, d'artisanat et des patrimoines matériels et immatériels Français est obligatoire hors du temps scolaire. La revalorisation du métier de maître d'école est actée par la gracieuse mise à disposition d'un logement de fonction à proximité de son lieu de travail, une formation spécifique et une embauche au sein de chaque territoire : la priorité est accordée à celui dont c'est le territoire d'origine ou d'adoption. La revalorisation des salaires est indispensable à la reconnaissance effective des enseignants en école primaire.

Le goût d'être Français doit retrouver sa saveur...

Les collèges sont centrés sur l'apprentissage général ou l'apprentissage qualifiant. L'histoire et la géographie sont européennes. Le brevet est écrit, national et anonyme. Les examens des apprentissages sont adaptés selon les matières.

Les lycées sont la continuité des collèges avec un baccalauréat anonyme et mixte, écrit et oral.

<u>Sortir de la centralisation</u> par la subsidiarité (dont nous avons parlé précédemment) et les services publics de proximité. Renforçons d'urgence les capacités des territoires. Chacun d'entre eux doit posséder au moins un hôpital public ou militaire. Répartissons géographiquement avec intelligence les médecins généralistes ou spécialistes, et les professionnels du secteur de la santé. Rouvrons des écoles de proximité et à taille humaine afin de favoriser le suivi des élèves. Chacun doit pouvoir trouver un interlocuteur élu ou administratif proche de chez soi pour répondre aux problèmes et demandes du moment. Chaque quartier, village ou communauté publique, doit faire l'objet d'un traitement spécifique pour justifier des services de proximité en accord avec la population et ses

représentants. Les compétences individuelles peuvent être mises à contribution dans l'intérêt du bien commun. Les transports collectifs sont développés ainsi que les liaisons intercommunales par voies, chemins ou routes afin de faciliter les déplacements. Un secours, quel qu'il soit, ne doit pas mettre plus de 20 minutes pour apporter aide et assistance. Il n'est pas tolérable qu'une femme soit obligée de faire une heure et demie de route pour rejoindre la salle de travail d'une maternité.

<u>Sortir de l'enfermement</u> par une participation ou un engagement actif pour le patrimoine et la culture dans le territoire du lieu de vie ou celui d'origine ou d'adoption. Une pluralité de conservatoires permet de transcender la créativité, la sociabilité, la transmission des savoirs, le plaisir des sens et de l'intelligence humaine. Les arts sous toutes leurs formes, l'artisanat traditionnel ou actuel, le partage social, apportent l'épanouissement dans un esprit de transmission, de solidarité et d'enracinement commun. La contribution active trouve sa reconnaissance par l'exposition aux autres, parfois dans l'humilité de la participation anonyme à la restauration d'un patrimoine, parfois en s'exposant par l'intermédiaire d'une œuvre, parfois en

contribuant physiquement sur une scène, un kiosque, un plateau, un studio... Il est indispensable que chaque territoire soit un espace culturel, avec théâtre, cinéma, salles d'exposition etc. pour donner à partager le plaisir de l'esprit et des sens, des moments de réflexion ou de paix. L'engagement altruiste auprès des personnes avec lesquelles nous partageons le quotidien, mais aussi l'épanouissement physique ou mental par le sport ou tout simplement la symbiose avec la nature ou l'environnement proche sont aussi source de délivrance. Le rapport à l'autre avec cœur, transmission bienveillante et bonté est la clé de la liberté.

<u>Sortir du chômage et de l'assistanat</u> par le travail. Une personne touchant un revenu solidaire doit travailler pour celui-ci. Sauf pour le handicap reconnu médicalement, il ne saurait être question de bénéficier d'un émolument sans contrepartie : tout ce qui est gratuit n'a pas de valeur. En doublant le revenu d'assistanat minimum, celui-ci devient salaire avec un travail effectif à temps plein. Pour sortir des marchés publics et de ses contraintes, la création de manufactures non soumises au secteur concurrentiel dans les domaines stratégiques vitaux pour la France est la

règle incontournable pour l'embauche de nos compatriotes en fin de droit au chômage et en recherche d'emploi.

Le lieu d'origine ou d'adoption a l'obligation de fournir emploi et salaire sur son territoire sauf pour les personnes mariées qui peuvent bénéficier d'une dérogation pour intégrer une des manufactures de leur lieu de vie si l'autre époux a un travail stable sur ce territoire. Les employés de ces manufactures qui trouvent un emploi hors de ce secteur sont encouragés à abonder le secteur privé concurrentiel. Le droit du travail qu'il faudra réduire à une vingtaine d'articles, s'applique sauf pour la grève des manufactures territoriales car il s'agit d'un secours solidaire. Les autres règles font l'objet d'accords sociaux en entreprise ou au sein du territoire. En favorisant la création d'emplois dans l'artisanat, le monde agricole et le commerce de proximité, la priorité est mise sur la dénomination « Qualité France ».

Un site par province est déterminé pour la rénovation culturelle avec une approche scientifique des savoir-faire. Il s'agit méthodiquement de retrouver les anciens métiers par la restauration et l'entretien du patrimoine avec les techniques des périodes de constructions originales.

En ce qui concerne les personnes étrangères, le retour est une richesse offerte à leur pays de nationalité. Ceux-ci pourront ainsi faire bénéficier de leurs expériences et de leurs acquis leurs compatriotes et apporter nos savoir-faire dans leur pays d'origine. La France s'engage à recruter avec parcimonie les travailleurs étrangers car il est inamical et non souhaitable d'attirer et de priver les autres nations de leurs forces vives.

Un employeur, dans la mesure où aucun demandeur d'emploi inscrit au chômage en France ne peut répondre à son offre d'emploi, pourra solliciter un travailleur étranger pour subvenir au besoin de l'entreprise. Dans le secteur privé, l'embaucheur devra souscrire et justifier d'une assurance chômage, retraite, maladie et de la location d'un logement décent pour son employé avant l'arrivée de celui-ci sur le sol Français. Afin de ne pas léser les actifs Français, les charges sociales patronales et ouvrières seront intégralement versées comme s'il employait un de nos concitoyens.

En trois ans, nous pouvons diminuer par deux le nombre des demandeurs d'emplois ! Il s'agira ensuite d'œuvrer pour que tous puissent accéder à un travail.

<u>Sortir des atteintes nuisibles à l'environnement</u> par le bon sens, la raison, et le respect de l'équilibre naturel.

La règle est simple : le zéro déchet par la prise en considération raisonnable des énergies renouvelables, du recyclage intégral, de l'exploitation raisonnée avec maîtrise des impacts générés sur la nature ; des transports individuels et collectifs ; la reconversion des produits manufacturés et de la production énergétique sans impact sur l'environnement.

Adaptons les voies de communication aux différents moyens de déplacement afin de favoriser les interventions pour les secours et l'accès aux échanges humains, sociaux et marchands.

L'hydrogène, le nucléaire sans déchet et le biogaz issu de la méthanisation des déchets organiques sont les trois modes d'énergie issus des investissements principaux à venir. Chaque province pourrait accéder à l'autonomie énergétique électrique y compris dans les périodes de forte consommation. Le cadre de vie et les logements en construction sont normés pour réduire l'impact sur les espaces naturels. Ils sont construits dans des lieux et selon des règles qui les protègent le mieux possible des aléas climatiques et environnementaux.

Le territoire est partagé en trois types d'espaces : les forêts, les terres cultivables et les habitations. Dans chaque territoire, optimisons ces trois entités avec l'équilibre vital comme objectif.

Le développement durable encadre la vie quotidienne, professionnelle et les loisirs. La prédilection pour l'environnement est une priorité car c'est un travail vertueux pour les générations à venir : c'est de l'amour distribué à nos enfants et celui-ci se donne sans compter.

<u>Sortir du terrorisme</u> en commençant par sa version endémique.

Par l'éducation, intégrons les étrangers en situation régulière et assimilons les Français de souche ou d'adoption en leur donnant les clés de la culture commune des racines judéo chrétiennes et gréco latines dans l'esprit laïc de la France éternelle.

S'habiller d'une manière militante pour affirmer son refus d'intégration, exprimer sa détestation de la France ou appeler au nom d'une puissance étrangère ou d'une religion au combat ou à la guerre, est un trouble grave à l'ordre public. L'expulsion systématique des fanatiques ou des ressortissants d'un pays inamical (hormis les réfugiés politiques qui n'auront pas le choix de leur lieu de vie en France) permet d'éviter une partie des risques terroristes. La sanction d'expulsion pour donner suite à une volonté de commettre un acte de guerre verbal ou physique est dérogatoire du droit commun.

Au niveau international, les pays qui demandent de l'aide pour lutter contre les terrorismes bénéficient légitimement d'une aide logistique et militaire. La réponse armée est volontairement disproportionnée car c'est le meilleur moyen de dissuasion et le plus efficace pour limiter la durée d'un conflit. Un équilibre des forces amène systématiquement une guerre qui s'enlise dans le temps. Encore faut-il que l'action militaire soit au service d'une stratégie politique claire !

Sur le territoire national, d'outre-mer ou métropolitain, les lieux immobiliers servant à la propagande anti-France seront confisqués, démantelés ou rasés. Les adeptes Français réguliers qui suivent ces exhortations répondront de complicité devant la justice.

En ce qui concerne les attentats, ceux-ci sont des actes de guerre, donc leur traitement est dérogatoire du droit commun. L'intervention est militaire. L'enquête est diligentée et instruite par un juge. Les règles de procédures judiciaires civiles ne s'appliquent pas. L'armée neutralise les terroristes. Les corps des fanatiques tués ne sont pas rendus aux familles et ne bénéficient pas d'une sépulture.

L'appel au terrorisme contre la France ou les Français quel qu'en soit le moyen est traité comme trahison pour un Français ou comme appel au meurtre pour un non-Français. La trahison peut amener la déchéance de la nationalité Française, rendre inéligible ou faire perdre ses droits civiques, sans exemption de la peine à effectuer.

<u>Sortir de l'imprévoyance et de l'insécurité par l'anticipation stratégique.</u>

Répondre à la gestion d'une épidémie, nous savions le faire. Après les attentats de Casablanca en 2003 et la crainte d'attaques de masses, nos responsables se sont intéressés au bioterrorisme afin de déterminer les moyens à mettre en œuvre pour lutter contre ces fléaux. Les hôpitaux étaient judicieusement répartis sur le territoire ; les lits ne manquaient pas ; le personnel médical était suffisamment nombreux pour répondre aux afflux ponctuels et les renforts matériels et humains pouvaient être mobilisés. Des stocks abondants étaient approvisionnés comprenant masques, bombonnes à oxygène, médicaments…

Nos dirigeants décident en 2011 que les épidémies appartiennent au passé. Ils font détruire tout ce qui a été anticipé et pire encore, l'organisation stratégique elle-même est versée aux oubliettes. La culture d'addiction à l'instant, la gestion en flux tendu sous prétexte qu'il est toujours temps de s'approvisionner et que les stocks sont une perte de place et d'argent, déresponsabilisent opportunément les dirigeants et nous mettent en danger mortel en cas de pénurie. La délocalisation des produits médicaux et de première nécessité est criminelle et irresponsable. Les parlementaires, les gouvernements, les experts et les spécialistes avaient étudié jusqu'en 2011 le risque épidémique : ils connaissaient les enjeux du manque d'anticipation. Par inconséquence, nos gouvernants se sont débarrassés méthodiquement des processus de gestion et de la logistique remarquable qui anticipaient les risques d'épidémie et auraient permis de contenir la crise, voire de la résoudre en partie.

Avec le virus chinois, nous sommes passés de « ce n'est pas grave, ça ne durera pas » à « au secours ! C'est l'apocalypse ! », du refus du masque (« ça ne sert à rien ») par les mêmes autorités qui, quelque temps plus tard, créent l'obligation de le porter sous peine de sanctions. Comment donner sa confiance aux girouettes qui gouvernent sans cohérence ? Un an avant le passe sanitaire, oser l'évoquer était « complotiste ». Les mensonges éhontés sont pathétiques et révèlent une incompétence dramatique, une communication déplorable et un mépris constant contre l'intelligence de nos compatriotes.

L'anticipation est la seule réponse viable aux risques.

Les intempéries climatiques se succèdent, nos dirigeants n'ont pas pris la mesure des catastrophes à venir. L'anticipation rationnelle et intelligente par des stratégies massives de prévention et de secours, ainsi que des tactiques d'entraide et de remise à niveau des infrastructures nécessitent une volonté politique sans faille pour le bien de nos compatriotes. La préparation territoriale est le meilleur moyen de sensibiliser les habitants, et l'entraide nationale doit pouvoir se projeter dans n'importe quel lieu de France sans délai. Devancer les crises permet de minimiser les conséquences et l'amateurisme propre à l'impréparation.

Pour la défense armée, nous sommes actuellement dans le même cas de figure. Les programmes sont retardés, la préparation et l'anticipation pour lutter contre les conflits de haute intensité piétinent. Le contexte géopolitique se dégrade et une armée de gestion de crise n'est pas à la hauteur pour défendre nos compatriotes lorsqu'il faut mettre sur pieds une armée de guerre. Vaut-il mieux payer une force militaire pour défendre la population, les valeurs, les racines et le patrimoine de notre pays ou payer pour entretenir une armée d'occupation qui nous prive de liberté ? La préparation est une urgence absolue car chaque retard se paie au centuple. Les moyens en matériels opérationnels doivent être développés, pour les trois armées historiques (air, mer et terre) ainsi que pour l'espace, le cyberespace, le renseignement et l'adaptation défensive du territoire. Ce qui est stratégique est dérogatoire des règles commerciales et des traités en vigueur.

Pour gérer une crise, mieux vaut anticiper que la subir. Réinvestissons une tactique orientée dans toutes les directions sans restriction. Tous les arguments qui portent atteinte à la souveraineté ne sont que des prétextes fallacieux. La politique de défense, sa préparation et sa mise en œuvre sont des compétences inaliénables, garantes de l'indépendance de la France. Tout acte de soumission, tout transfert, toute délégation à une puissance étrangère est un fait qui relève de la haute trahison.

<u>Sortir de la mélancolie ambiante et de l'égoïsme individualiste</u> par un grand projet fédérateur, mobilisant les énergies de nos compatriotes.

Chacun doit pouvoir vivre une aventure... et lorsqu'elle est collective, elle n'en a que plus de saveur. La vocation Française, c'est l'amour. La mélancolie et l'égoïsme ne peuvent proliférer lorsque l'on se tourne vers son prochain pour lui tendre la main, lui apporter secours, aide, solidarité et assistance. Chaque Français volontaire doit pouvoir contribuer à servir ses compatriotes dans une unité de secours, d'aide ou de défense.

Depuis quelques années les phénomènes naturels terrestres prennent de l'ampleur (tempêtes, inondations, volcans, feux de forêt...), mais aussi les accidents industriels et les actes de guerre ou de terrorisme qui sont épisodiquement source de détresse. Les jeunes Français peuvent s'engager, pour une durée minimale d'un an, en rejoignant le service national volontaire, armé ou non, afin d'intégrer une unité opérationnelle projetable en France ou dans n'importe quel lieu terrestre ou maritime.

L'accès aux emplois publics régaliens est réservé à ceux qui ont accompli ce service national. Des unités de réserve sont constituées pour les aides de proximité ou pour pallier l'absence des secours projetés en extérieur. Les territoires frontaliers accueillent la maréchaussée ; les unités militaires y sont déployées sauf pour ceux qui bénéficient d'une cour d'appel ou d'un tribunal de grande instance. Les territoires non frontaliers qui accueillent la gendarmerie seront dotés selon une répartition nationale raisonnée. Chaque département doit bénéficier au moins d'un régiment en son sein. L'aménagement territorial géographique national des unités d'interventions tiendra compte des risques particuliers propres à chaque province et aux régions limitrophes. Les jeunes Français de métropole serviront les régiments d'outre-mer et les jeunes Français d'outre-mer abonderont le territoire de la métropole. La réserve se mobilise dans le territoire d'origine, de vie ou d'adoption. Toutes les unités sont militaires, opérationnelles et soumises aux règles de la défense nationale. Le volontaire n'a pas le choix de son unité mais peut exprimer des vœux car le brassage entre provinces et milieux sociaux est facteur de cohésion et de fraternité patriotique.

POUR CONCLURE...

Cette réflexion sur nos racines, la philosophie de vie de nos compatriotes et ces quelques pistes pour relever les Français prennent place dans la continuité historique de la France éternelle. Ce manifeste est un pacte pour un pays d'avenir, renouvelé, moderne et se projetant au XXIème siècle et au-delà. Nous devons sortir du carcan dans lequel les oligarques gouvernementaux, les dirigeants des instances internationales, les puissances financières et économiques, veulent nous enfermer. Le Français n'est pas un esclave... Faut-il rappeler que Franc veut dire Libre ? C'est donc aux hommes libres et qui veulent le rester que ce manifeste s'adresse.

Dans un premier temps mettons en place l'équilibratie, une constitution pour libérer le peuple grâce à la subsidiarité et en trois ans, retrouvons notre unité par la solidarité et l'amour d'autrui... Afin que VIVE LA FRANCE !